Anne Boutelant

Comment j'ai décroché de mon ex

Illustrations
Catherine Pioli

MARABOUT

sommaire

Introduction

Fiat 500 rouge. Pas n'importe laquelle. C'est la mienne. Je l'ai achetée le lendemain de « son » départ. Un acte d'affirmation de moi, identitaire presque. J'en rêvais depuis un moment, « il » trouvait ça ridicule…

La musique m'accompagne bruyamment et gaiement. Je me sens heureuse. Si heureuse que ça m'étourdit. Comment ai-je réussi en vingt-quatre mois à passer de cette douleur si vive, intenable, à cette légèreté ?

Depuis combien de semaines mon autoradio n'a-t-il pas marché, tellement tout signe de vie m'était juste intolérable ?

Mon « mojo » en a pris un si grand coup dans les naseaux que je n'aurais jamais imaginé qu'il puisse de nouveau se manifester. C'est un fait, c'est comme ça, la vie est belle même si elle m'a malmenée, bringuebalée, horrifiée.

Ma vie a de nouveau un sens. Nouveau. Mais un sens.

Le cheminement qui démarre lorsque votre amoureux vous quitte et qui vous mène à votre vie nouvelle est difficile et pavé d'épines, mais il peut devenir enrichissant, gratifiant et vous conduire vraiment vers la personne avec laquelle vous devez vivre en harmonie : VOUS.

Je suis passée par là et je peux vous en parler. Voici donc un mode d'emploi, subjectif mais inédit, pour trouver les clefs qui vous permettront d'ouvrir les portes de VOTRE nouvelle VIE.

Que vous vous soyez fait larguer après six mois ou après trente ans de vie commune, je veux partager avec vous les petites astuces et les grandes découvertes qui m'ont aidée, et qui vous aideront ; afin que cette période de votre vie soit un moment dont vous vous souviendrez comme constructif et, finalement, nécessaire. Oui, vous ne voulez pas le croire pour l'instant (et c'est normal), mais le bout du tunnel sentimental existe ! Et il est possible de ne garder que le meilleur de cette étrange route qui vous y conduit.

Avocat, Abandon, Amis, Bonheur, Chemin, Ennui, Humour, Liberté, Nourriture, Vacances, Sexe… Une trentaine de mots-clés pour parler de choses douloureuses ou joyeuses à redécouvrir, comprendre ou réinventer, qui vont compter pour vous au quotidien. Ils vous aideront à changer votre regard sur vous-même et sur ce qui vous arrive. Ce sont des émotions-balises, des étapes obligées pour atteindre votre nouvelle vie par le chemin le plus constructif possible. Car le chemin est aussi important que l'objectif…

ABANDON

« Vive qui m'abandonne ! Il me rend à moi-même. »

Henry de Montherlant, *Carnets.*

Les femmes détestent qu'on leur lâche la main

« Il m'a quittée. Il m'a larguée. Il m'a abandonnée ! »

Autour de vous, les gens trouvent que, franchement, votre vocabulaire dramatique, c'est de l'exagération. Chantant les louanges de la « relativisation », ils n'arrivent plus à vous comprendre. C'est vrai, *a priori*, vous qui lisez ces lignes n'êtes pas une petite fille qui pleurniche. On ne vous a pas non plus laissée attachée au tronc d'un arbre sur la route des vacances. Et pourtant, le terme d'« abandon » correspond tellement à ce que vous ressentez ! Alors pourquoi avez-vous toutes employé ce terme, si fort, si plein d'une vulnérabilité absolue ? Et qu'est-ce que c'est que cette drôle de maladie, pas reconnue par la Sécu ?

Ça fait mal où, le sentiment d'abandon ?

Ça fait mal au fond de son cœur, ça fait peur, c'est pas glop.

Ça renvoie à la peur de ne pas être aimable, d'être nulle, que personne ne vous aime et ne vous aimera jamais plus.

Ça fait la même chose dans le ventre que quand vous étiez toute seule dans votre lit le dimanche soir, enfant, et que vous attendiez le sommeil.

Inconscient, quand tu nous tiens…

C'est parce que la rupture vous replonge dans l'enfance. Depuis l'âge du fameux complexe d'Œdipe, une question vous taraude : suis-je aimable ? Votre inconscient a bien mémorisé la façon dont vous avez été aimée, considérée, traitée par vos parents au début de votre vie. Pendant votre enfance, vous avez construit la confiance en vous, vous avez développé votre capacité à interagir avec les autres, à développer un don en peinture, un talent en sport, une aptitude aux bons résultats scolaires… Tout cela vous a permis de développer votre estime de soi.

Moins vous aurez eu la possibilité d'asseoir votre confiance en vous durant l'enfance, plus il vous sera difficile de surmonter le sentiment d'abandon lors d'une rupture sentimentale. Au-delà de la peine d'être plaquée remonte à la surface un sentiment d'échec et une insécurité vécus dans l'enfance, quand vous n'étiez pas sûre de votre valeur en tant que personne.

OK, alors on fait quoi avec tout ça ?

On est bien d'accord, votre enfance est derrière vous et vous n'allez pas refaire l'histoire de votre construction personnelle.

Mais il y a des trucs à mettre en place pour aller mieux, pour s'aimer mieux !

- Acceptez vos émotions d'hier et d'aujourd'hui.
- Reconnaissez sans honte les moments où vous vous êtes sentie fragilisée, abandonnée. Remémorez-les-vous et donnez-leur du sens.
- Acceptez qu'il s'agisse d'un ressenti humain et non d'une maladie. Néanmoins, vous pouvez en parler à un psy ou à toute personne de confiance qui ne vous jugera pas.
- Reconnaissez vos manques affectifs, laissez monter les émotions qu'ils contiennent : la tristesse, la peur, la honte, l'impuissance.
- Trouvez un sens à votre souffrance pour l'apprivoiser, la traverser, et trouver plus d'amour pour vous-même.
- Ne restez pas seule avec votre anxiété et votre mal de vivre.
- Entreprenez des activités qui vous feront plaisir, qui vous gratifieront et qui vous redonneront confiance en vous.
- Ne vous mettez pas en situation d'échec. Contournez les obstacles et remettez à demain les situations qui vous mettent en danger.
- Listez les qualités qui vous sont reconnues par votre entourage.

> « Du plus loin que je m'en souvienne, j'ai toujours été la « fille parfaite ». Gentille fille, gentille sœur, bonne élève, cherchant à toujours bien faire. Cela ne m'a jamais posé de problème jusqu'au jour où mon mari m'a quittée. J'ai fait un travail avec un thérapeute pour alléger mes angoisses et comprendre pourquoi cette rupture me renvoyait une image de moi épouvantable.
>
> J'ai compris. J'ai compris que tous ces efforts depuis toujours pour être « parfaite » masquaient un manque de confiance en moi que je traînais depuis mon enfance, quand je faisais tout pour que mon père souvent absent me remarque et m'aime. Cette nouvelle rupture me remettait dans la peau de la personne « non aimable ».
>
> J'ai beaucoup travaillé sous hypnose et avec une énergéticienne pour reprendre confiance en moi. C'est long, mais c'est tellement gratifiant quand on a enfin la certitude d'être « aimable » !
>
> Gisèle, 48 ans, 5 enfants

Les hommes sont tous pareils !

Juste capables de vous jeter comme un Kleenex…

Taratata, pas de ça !

Avoir été abandonnée par Jojo vous fait certainement craindre de l'être à nouveau par Polo. Cette crainte, si elle s'installe et se transforme en angoisse, peut faire fuir d'autres partenaires. Pas question de refuser de se projeter dans une future relation amoureuse parce que vous craignez trop l'abandon. Je dis *niet* !

Alors, il va vous falloir un peu de courage et du temps pour décortiquer tout ça, ce n'est pas simple, mais vous allez y arriver. Prenez votre temps, faites-vous aider et apprenez à vous aimer.

Vous n'êtes pas seule !

Faites la liste des gens pour qui vous comptez, même en vous connaissant très peu, même simplement pour les bonjours échangés dans le couloir en souriant. Normalement, ça doit déborder de la page !

ALCOOL

« L'alcool dégrise. Après quelques gorgées de cognac, je ne pense plus à toi. »

Marguerite Yourcenar, *Œuvres romanesques*.

Une question taboue

Plaquée, vous allez vite vous rendre compte que (soit tendance boulimie, soit tendance « J'ai pas faim ») votre appétit trinque. Mais ce n'est pas le seul. Le dérèglement alimentaire peut s'accompagner d'une levée de coude excessive... Qu'on a plus de mal à s'avouer, car ça ne ressemble pas du tout à ce que vous aimez penser de vous-même, et aussi parce qu'on est dans une société qui considère que l'alcool au féminin, ça n'existe pas tellement c'est moche.

Pas de panique et pas de culpabilité. Mais pas de déni non plus...

Les signes qui doivent vous mettre en alerte pour stopper

- Vous buvez pour surmonter votre colère, votre frustration, votre anxiété.
- Vous buvez pour éviter de penser à lui.
- Vous buvez pour éviter de penser tout court...
- Vous buvez pour retrouver confiance en vous.
- Vous buvez seule.
- Vous mentez sur votre consommation d'alcool à vos amis et à votre famille.
- Vous arrêtez certaines activités en cours pour passer plus de temps à boire de l'alcool.
- Vous vous mettez à boire de l'alcool de plus en plus tôt dans la journée.
- Vos amis, votre famille se sentent mal à l'aise ou gênés à vos côtés.
- Vous vous trouvez vieillie le matin dans la glace (tiens, mais qu'est-ce que ma mère fait dans ma salle de bains ?).

Vous vous reconnaissez dans un de ces points ? Il n'y a pas de honte à avoir, mais... un problème à régler.

Ça soulage... mais pas que !

Les personnes au bout du rouleau qui se mettent à boire font comme si l'alcool pouvait réduire les symptômes de l'état dépressif dont ils souffrent. Mauvaise pioche, c'est tout le contraire qui se produit.

L'effet de soulagement que l'alcool procure n'est que temporaire et se trouve rapidement remplacé par des effets très désagréables : troubles du sommeil, somnolence, mauvaise humeur, irritabilité et perte de la rationalité et du bon sens.

> *« Lorsque mon psy m'a proposé de prendre des antidépresseurs après ma séparation, j'ai hésité : médicaments pour atténuer ma peine ou alcool pour accompagner mes soirées ? Je voulais que l'oubli soit festif. Je m'arrangeais pour avoir tout le temps du monde avec moi le soir pour avoir une raison d'ouvrir une bouteille. Ça a duré dix-huit mois. J'ai arrêté lorsque je me suis rendu compte que ça altérait mon sommeil et m'empêchait d'être bon pied bon œil au bureau avant 9 heures. Je suis contente que cette période soit passée et, en même temps, je n'en ai pas honte. C'était une étape.*
>
> Pascale, 37 ans, 3 enfants

Allez, du courage, ça va être plus simple que vous ne pensez

- Ne soyez pas dans le déni.
- Ne culpabilisez pas.
- Sortez de chez vous aux heures où vous avez l'habitude de boire, marchez, aérez-vous.
- Préparez-vous des boissons sans alcool riches en couleurs qui vous apporteront une bonne dose de vitamines.
- Faites-vous un planning de sevrage. Si vous buvez tous les soirs, passez la première semaine à un soir sur deux, puis un sur trois, etc.
- Ne buvez jamais deux verres d'alcool de suite. Eau obligatoire en intervalle !
- Ne buvez pas d'alcool au-dessus de 12° (on évite l'alcool à 90°, OK ?).
- Lorsque vous buvez, gardez la notion de plaisir.
- N'hésitez pas à en parler autour de vous. Votre entourage peut être d'une aide efficace.
- Rappelez-vous à chaque fois que vous voulez noyer votre chagrin dans l'alcool que, depuis le temps, il a dû apprendre à nager !

> *Ça faisait six mois qu'on était ensemble avec mon Jules quand il m'a quittée. J'ai été vraiment très, très triste… et j'ai fait n'importe quoi. J'ai bu beaucoup, beaucoup trop. Je commençais en sortant du boulot et j'arrêtais quand je ne tenais plus debout. Je m'arrangeais pour traîner avec des copains qui avaient une bonne descente. J'ai eu des problèmes au travail car j'arrivais en vrac le matin. J'ai été obligée d'arrêter et, franchement, je ne regrette pas. J'ai un souvenir horrible de cette période, je me faisais honte.*
>
> Delphine, 23 ans

De nouvelles recherches scientifiques ont d'ailleurs démontré que l'alcool a des effets aggravants sur la partie basse du cerveau, qui produit les symptômes liés à une humeur triste, à l'anxiété, aux troubles du sommeil et à la baisse d'appétit pendant la période où vous êtes *down*.

Si vous en avez assez qu'on vous fasse la morale, changez votre vision des choses et ne considérez pas l'abstinence comme une fin en soi (vous vous êtes fait plaquer alors que vous étiez peut-être un modèle de sobriété, alors à quoi bon !), mais bien un moyen d'améliorer votre qualité de vie. De vous faire du bien. Rappelez-vous que beaucoup de choses peuvent être préservées dans l'alcool, mais que la dignité n'est pas l'une d'elles. Vous n'êtes pas une prune !

Chouette, des cocktails (sans alcool) !

Le Bahamama
- 2/5 de jus d'ananas
- 2/5 de jus d'orange
- 1/5 de sirop de grenadine

Le TGV
- 3/6 de thé glacé
- 2/6 de jus de grenade
- 1/6 de sirop de violette
- Glace pilée

Le Super Booster
- 1/3 de jus de kiwi
- 1/3 de jus de fraise
- 1/3 de jus de banane

Les dents qui swinguent
- 1 citron vert coupé en 4
- 2 cuillerées de sucre de canne
- Menthe fraîche
- Tonic
- Glace pilée

Le Super Antioxydant
- 1 dl de jus de cranberry
- 0,5 dl de jus d'orange
- 0,5 dl de bitter lemon
- 7 framboises
- Glace pilée

AMITIÉ

« Un ami n'est-il pas supposé être fidèle et
nous aider à partager les bons et les mauvais moments ? »

Bisounours.

L'amour, l'amitié et leurs surprises

Lorsque l'on est plaquée, il est important de se tourner vers ses proches. Alors que la fin d'un couple soumet chacun à un changement brutal, on s'accroche à l'amitié en espérant qu'elle demeurera un repère stable. Or, ce n'est pas toujours le cas.

Quand un premier tri s'opère

Mon mari a eu l'indélicatesse de quitter le domicile conjugal une nuit de novembre, quelle drôle d'idée ! Double faute : le mois de mon anniversaire et celui où les jours raccourcissent comme peau de chagrin... Bref... Mon premier réflexe, ou presque – après celui de me jeter à ses pieds pour lui assurer que j'étais toute à lui et qu'il pouvait donc à loisir venir piétiner mon petit cœur –, a été de laisser des messages sur la boîte vocale de trois de mes amies leur demandant de me rappeler toute affaire cessante, ce qui, à 4 heures du matin, n'a pas beaucoup de sens.

Je me suis posé la question, quelque temps après, du choix de ces trois femmes en particulier. Avec le recul, bien qu'ayant laissé mes messages sans aucun calcul, j'ai choisi ces trois personnes car je savais qu'elles ne jugeraient pas la situation et qu'elles sauraient être présentes, sans s'investir au-delà du normal. Le tam-tam de la brousse a été mis en route et, très vite, tous mes amis ont été informés de la situation ; j'ai donc passé quelques semaines pendue au téléphone à expliquer l'inexplicable, à pleurer, à essayer de partager ma douleur pour qu'elle soit moins vive. Quel bonheur d'avoir opté pour le forfait illimité !
Invitations à dîner, invitations en week-end, petits déjeuners aux quatre coins de la ville. J'ai ressenti un véritable soutien... teinté parfois d'un voyeurisme assez désagréable.

Un premier tri s'est opéré. Je me suis naturellement sentie proche de certains et distante d'autres. Aucun rapport avec l'ancienneté de nos relations ni avec le fait que telle ou telle personne ait été une connaissance de moi seule ou une fréquentation de feu notre couple.

Mes conseils aux amis

- Mobilisez votre capacité à ne pas juger, à accueillir avec bienveillance et patience la parole de l'autre.
- Ne vous apitoyez pas mais sachez faire preuve de compassion.
- Soyez présent dans la mesure du possible à l'instant où l'autre en a besoin.
- Soyez patient, il se peut que vous entendiez la même histoire cent cinquante fois.
- N'hésitez pas à diriger la personne qui se confie vers un professionnel de la parole qui aura les clés pour mieux l'accompagner.

La femme est un homme comme les autres, en mieux

Un constat s'est très vite imposé : je me sentais mieux avec les femmes qu'avec les hommes. La complicité féminine permet de mener des conversations ordinaires ou intimes sans jugement. Bon, avec un peu de jugement quand même, hein...

Pour me défaire de mon « moi conjugal », j'ai fait appel à mes proches amies. J'avais une nouvelle vision du monde et besoin qu'elles me confirment que je ne perdais pas la tête. La séparation menaçait mon image de moi-même, seules ma famille et mes amies pouvaient la redorer.

Mes amis hommes ont eu des réactions certes gentilles, mais souvent maladroites. Lors de mon premier dîner en tant que « femme seule », celui que je considérais comme un de mes meilleurs amis m'a séchée sur place en me disant : « Écoute, mon père nous a abandonnés, ma mère, mes frères et moi, sans nous laisser d'argent. Estime-toi heureuse... Tu sais, nous les hommes, on est comme ça, on a besoin de se sentir libres : relativise (*sic*) ! » Et de conclure que je pouvais compter sur lui. Bizarrement, je n'ai pas eu envie de le faire...

Autre réaction plus que limite d'un très bon ami commun : « Je suis triste pour vous, mais depuis le temps que j'attends que ça pète entre vous ! Tu es une femme géniale, partons en week-end tous les deux. » *Exit* le bon copain (marié bien évidemment).

Bref, il me reste quelques amis garçons, mais ils se comptent sur les doigts d'une main.

En revanche, j'ai trouvé en quelques-unes de mes amies un soutien réel qui dure dans le temps, une aide précieuse et une affection sincère, grâce à des conseils judicieux. Ce sont comme des sœurs, en mieux.

Vive les rencontres !

Et puis il y a les « nouveaux ». Les copains ou les copines que l'on rencontre au gré des dîners ou des week-ends. Lorsque l'on a retrouvé son libre arbitre et sa liberté de penser (sans se demander s'*il* va les aimer), il est tout à fait agréable et salvateur de s'ouvrir à de nouvelles amitiés. Elles peuvent être riches et légères ; en effet, pas de souvenirs du « temps d'avant » avec ceux-là. Juste du bon temps, avec de nouveaux lieux, de nouvelles têtes. Oui, ça demande un effort de s'ouvrir à de nouvelles personnes, mais ces efforts sont bien souvent récompensés.

Mes conseils pour entretenir de bonnes relations avec ses amis

- Gardez le contact avec l'extérieur, restez ouverte aux autres, ne vous isolez pas sous prétexte que l'image que vous avez de vous en a pris un coup.
- Ne jugez pas une amie qui s'éloigne. Votre rupture a peut-être réveillé ses propres conflits conjugaux. Ça fait peur, un couple qui explose en vol !
- Ne vous positionnez pas comme une menace potentielle pour les couples que vous fréquentez. Pas d'ambiguïté dans votre comportement, il n'est pas question que vous repartiez avec le mari de votre vieille copine de fac.
- Exprimez clairement à vos amis ce que vous attendez d'eux. Si vous avez le sentiment de vous faire envahir et qu'ils vous « victimisent » à outrance, dites-le-leur, en expliquant ce que vous ressentez.
- Acceptez les conseils n'allant pas dans le sens que vous attendriez sur le moment. Les amis sont également là pour vous aider à prendre du recul et à vous alerter quand vous dépassez les bornes.
- Rassurez-les en leur expliquant qu'ils peuvent rester impartiaux et poursuivre une relation avec les deux. Plus simple à écrire qu'à faire, je vous l'accorde !
- Évitez les confidences impudiques : ne rentrez pas dans les détails que vous n'aimeriez pas que votre ex raconte sur vos manies ou autres travers intimes. Même si ça peut détendre…

AMITIÉ AVEC SON EX

« La femme n'est pas encore capable d'amitié : elle ne connaît que l'amour. »

Friedrich Nietzsche, *Ainsi parlait Zarathoustra.*

Quelle drôle d'idée, me direz-vous !

Je vous entends hurler d'ici !

« Hors de question de le revoir, après tout ce qu'il m'a fait subir ! »

La question des rapports post-rupture engendre des réactions on ne peut plus catégoriques, voire hystériques, mais parfois plus subtilement ambiguës. On peut se fantasmer en meilleure amie de son ex pour prolonger l'idée d'une intimité. Ou bien courir après le mythe de la « bonne séparation » où on est copain avec son ex, car les chagrins d'amour, ça fait vieux jeu. « Même pas mal », comme disent les enfants quand ils ont les genoux qui saignent.

Alors, l'amitié avec un ex, mythe ou réalité ?

Il est important de savoir que c'est possible. Mais pas obligatoire. Pour espérer s'installer dans un nouveau style de relation avec votre ex, il faut que les douleurs soient cicatrisées et les esprits apaisés.

Comme pour le reste, il va falloir que le temps fasse son travail et que vous vous posiez les bonnes questions pour savoir si, au fond, c'est une bonne idée.

Vous en êtes où de vos sentiments ?

Avant de savoir si votre ex et vous pouvez devenir amis, il faut que vous soyez très au clair avec vos sentiments. L'amitié n'est pas de l'amour au rabais. C'est un sentiment tout autre, qui ne peut exister s'il y a encore un peu d'amour d'un côté ou de l'autre. Il est normal, après la période de deuil de la relation (voir page 42), de garder de l'attachement pour cet homme avec lequel vous avez fait un bout de chemin, voire des enfants. Mais il est très important de discerner s'il s'agit d'un sentiment amical ou d'un amour qui perdure. Tant que vous ne serez pas tous les deux au clair avec ça, ne vous y frottez pas. Et c'est bien à deux que vous pourrez tracer le cadre de cette nouvelle relation, sans ambiguïté.

Rester amis, non ; le devenir, pourquoi pas

Plutôt que de « rester amis », commencez par vous demander s'il est possible de le devenir !

L'amitié, la vraie, ne doit pas être acceptée à défaut de mieux. Même si votre ex-amoureux était aussi votre meilleur ami et votre plus solide soutien, il était avant tout votre compagnon, et le fait qu'il vous ait quittée a détruit le sentiment de protection et de confiance qu'il pouvait vous inspirer.

Il n'est pas facile de se réinventer et il faut davantage d'efforts pour transformer une relation que pour en créer une. Néanmoins, plus vous aurez partagé les mêmes valeurs, les mêmes centres d'intérêt, plus il vous sera naturel de rester en bons termes avec lui.

> “ *Quand le père de mes enfants m'a quittée, je lui en ai énormément voulu et j'ai vraiment souffert. Pendant deux ans, je n'ai pas voulu entendre parler de lui et il était hors de question de le revoir. Et puis ma mère est tombée malade et j'ai eu besoin de son soutien. Il a été très présent bien qu'il ait refait sa vie avec une autre femme. Nous avons tissé de nouveaux liens qui n'ont rien à voir avec ceux que nous avions lorsque nous étions en couple. C'est venu naturellement, sans aucune arrière-pensée. Nous ne passons pas notre vie ensemble, mais nous avons plaisir à nous voir. Et nous savons que nous pouvons compter l'un sur l'autre.*
>
> Nathalie, 43 ans, 2 enfants

La poupée vaudou

Dessinez ici la poupée vaudou de votre ex. Et allez-y franchement !

À mettre en place si vous y tenez vraiment

- Oubliez les habitudes du passé. Ne reproduisez pas ce que vous faisiez lorsque vous étiez un couple.
- Allez-y mollo. Prenez votre temps, ne lui proposez pas tout de suite de partir en week-end en potes.
- Assurez-vous que cette nouvelle relation ne perturbe pas vos enfants et qu'ils ont bien compris qu'il s'agissait d'une relation amicale et pas d'une relation de couple.
- Assurez-vous que votre nouveau compagnon (si vous n'en avez pas encore, ça viendra, mais si !) accepte cette relation. Respectez ce qu'il ressent et parlez-en franchement et librement.
- Évitez les situations ambiguës. Pas question d'aller se baigner *topless* en sa présence, par exemple.
- Ne culpabilisez pas si vous n'y arrivez pas. Si aller boire un verre détendue avec votre ex est anxiogène ou vous renvoie à des sentiments peu clairs, laissez tomber, des amis, vous en avez d'autres.

S'entendre avec le père de ses enfants

Lorsqu'un couple se sépare avec des enfants au milieu, il n'y a pas d'autre choix que de rester en contact. Impossible de tirer un trait définitif sur votre ex, les questions éducatives et organisationnelles vous en empêcheront.

Sans devenir sa *Very Best Friend Forever*, il va falloir faire avec. Il est important que vous en discutiez ensemble afin de trouver la communication la plus fluide pour vous tous. Sans s'énerver !

« *J'ai essayé, après la tempête de la séparation, d'entamer une relation amicale avec mon ex. Tout allait plutôt bien jusqu'au soir où, après un dîner trop arrosé, il m'a expliqué qu'il était toujours un peu amoureux de moi.* Exit ! *Je pense qu'on ne peut pas être amie avec un homme avec lequel on a tout partagé, du quotidien aux moments les plus intimes.*

Juliette, 37 ans

Bon, il faut que j'en trouve un qui soit patient, compréhensif, drôle, et qui habite pas loin de chez moi.
T'as raison, faut se remettre en selle !
Par contre j'hésite encore entre un homme et une femme...
Ah ouaaaiiis ! T'as décidé de vraiment changer de vie en fait !?

AVOCAT

« Un avocat est dans un procès
ce qu'est un cuisinier dans un repas. »

Aristippe de Cyrène.

Quand faut y aller, faut y aller !

Amis et famille m'ont vite encouragée à prendre conseil auprès d'un avocat. « Ça n'engage à rien... Mais vas-y quand même, il ne s'agirait pas que tu te retrouves sans rien. Déjà que tu n'as plus de mari, à ton âge... »

Le temps a passé sans que j'aie eu ni le courage ni la force de me lancer.

Et puis, un beau matin, j'ai décidé qu'il fallait que je « consulte ». Pourquoi ce jour-là ? Aucune idée. Les planètes, le sens du vent ? Plus certainement la capacité à accepter une situation et le besoin de ne plus simplement subir, mais bien de prendre mon avenir en main. Il fallait que j'y passe.

Autant de noms d'avocats que de coups de fil aux amis. Chacun y a été de son conseil ; il m'a semblé important de me faire mon idée sur la question en en rencontrant plusieurs.

Je m'étais juré que seule une femme pourrait me comprendre et défendre au mieux mes intérêts, mais mon choix s'est très spontanément porté sur un homme, avec lequel je me suis tout de suite sentie en confiance.

Comment choisir son avocat

- Prenez un avocat spécialisé dans le droit de la famille.
- Votre avocat va partager avec vous de longs mois, vous voir traverser des moments de pénibles doutes. Mieux vaut se sentir bien, à l'aise, en affinité avec lui. Si possible partager des valeurs communes. J'ai choisi mon avocat car il s'est montré dès notre premier rendez-vous sérieux, mais également drôle, qualité primordiale à mes yeux.
- Comparez les honoraires ainsi que les « facilités de paiement ». Tous sont à peu près au même taux horaire (certains exagèrent néanmoins). Les honoraires des avocats sont libres : forfait ou paiement à l'heure. Il est d'usage de verser au moment de l'ouverture du dossier une avance correspondant à une dizaine d'heures de son travail. Toutefois, vous pouvez convenir d'un planning de règlement qui correspondra à l'état de votre trésorerie. Attention, sachez que les avocats vous donnent toujours leurs honoraires hors taxes : pensez à ajouter 19,6 % à votre facture, c'est loin d'être négligeable.
- Prenez un avocat à proximité de chez vous ou de votre travail. Il est moins anxiogène de ne pas avoir à prendre une journée de RTT lorsque vous aurez un point à régler.
- Votre avocat doit être disponible. Si vous n'arrivez jamais à le joindre et qu'il ne vous rappelle pas dans les quarante-huit heures, n'hésitez pas à en changer. Votre avocat n'est pas votre psy, ne le dérangez pas pour des points anodins ; en revanche, il doit vous tenir informée régulièrement de l'avancée de votre dossier.
- Restez maîtresse de la procédure en cours. Certains avocats ont la nette tendance à vouloir envenimer la situation plutôt que de chercher un compromis.
- Évitez de prendre un ami, un cousin, le frère de la voisine comme avocat. Comme pour un psy, ne mélangez pas les genres.
- N'oubliez pas de faire une check-list des questions relatives à votre divorce auxquelles vous pensez avant le premier rendez-vous ; la façon d'y répondre de l'avocat face à vous sera un bon baromètre pour la suite.

Il est important de ne pas avoir peur de lui raconter votre histoire, vos peurs, vos objectifs. Les termes d'un divorce sont décidés à 80 % par soi-même, l'avocat mettant en application. En aucun cas il ne décidera pour vous. On est d'accord, un avocat n'est pas un psy, mais il faut vous sentir libre de lui raconter ce bout de vie qui vole en éclats pour vous aider à préparer la suite au mieux.

Trois catégories d'avocats

Le mou

C'était mon premier rendez-vous. En l'occurrence, il s'est agi d'une molle. Très sympathique au demeurant. Quand, au bout d'une heure de tête-à-tête, je me suis sentie celle qui rassurait (sans l'être !), je me suis dit qu'il était probable que ça ne soit pas la bonne personne.

Le hargneux

Deuxième rendez-vous pris avec une « pointure » locale. Très jolie femme d'un certain âge (pour ne pas dire d'un âge certain), chiquissime, manucure fraîche du matin, bureaux cossus, bref, je me sens immédiatement en sécurité... jusqu'au moment où elle m'a demandé si mon mari avait des addictions. Stupeur, pourquoi donc ? Elle de m'expliquer que si ça avait été le cas, ça aurait été une aubaine pour le dossier afin de le déstabiliser, ébruiter l'information auprès des bonnes personnes et hop, le tour serait joué !

Je suis sortie de ce rendez-vous avec la nausée, me disant qu'après toutes ces années, tous ces enfants, cela ne me semblait pas digne.

Le vôtre

C'est comme tout dans la vie, lorsque l'on sait écouter son instinct, on sait que la personne en face de soi est la bonne.

Quelle que soit la situation dans laquelle on est, il est très important de se sentir bien (ou le moins mal possible) avec son avocat. La personne, sa politique de défense, ses références, mais également le bureau, la localisation, il est important de prendre en compte tous les paramètres.

BONHEUR

« Tout ce qui ne tue pas rend plus fort. »
Friedrich Nietzsche, *Crépuscule des idoles*.

Le bout du tunnel

Très exactement 8 mois après son départ – oui, je sais, ça fait long huit mois comme ça, sur le papier –, j'ai ressenti une émotion jusque-là bien enfouie, une émotion de plénitude, un moment où je me suis dit que le rétroviseur dans lequel mes yeux étaient rivés depuis tout ce temps plombait ma capacité à avancer.

Moment magique où la possibilité de respirer à pleins poumons m'a galvanisée.

Était-ce la chaleur du soleil corse ? Une de mes amies bienveillantes à mes côtés ? Ou tout simplement l'écoulement du temps nécessaire pour apercevoir le début du bout du tunnel ? Certainement un mélange de tout ça.

C'est bon pour la santé !

Je me suis demandé si l'épreuve que je traversais renforçait ma capacité à me réjouir. Qu'elle soit physique ou mentale, la douleur, lorsqu'elle cesse ou s'atténue, confère une saveur plus forte aux situations « neutres » pendant lesquelles il semble ne rien se passer. En effet, pour celle qui n'a jamais souffert, cet état est banal. Quand on a souffert, on ne savoure que plus d'être « de l'autre côté », on est habitée par une conscience stimulante : on se découvre capable d'agir, vivante, motivée, pour avancer comme si la vie nous offrait une nouvelle chance et qu'il fallait positiver.

Le malheur et le bonheur sont éphémères, la différence entre les deux est que le malheur est généralement subi ; le bonheur quant à lui est un choix, le fruit de notre comportement, la conséquence de nos efforts. Vous avez la capacité de le façonner, très égoïstement, juste pour que la nouvelle personne que vous êtes en train de devenir prenne tous ses paramètres personnels, les tricote et les cultive afin qu'ils vous aident à remonter la pente.

La difficulté est de ne plus penser au bonheur à deux, mais bien au bonheur de découvrir ses propres sources de satisfaction personnelles, et ça, ce n'est pas un exercice facile.

Mes astuces bonheur

Jouez les têtes chercheuses.
Il ne jurait que par les restaurants italiens ? Vous avez toujours adoré l'Inde et ses épices, que son estomac ne supportait pas... Faites le tour des meilleurs restaurants indiens de votre ville.

Il ne supportait pas de sortir le dimanche soir pour être en forme pour sa réunion du lundi matin ? Cela vous a valu des années de gros cafard à regarder le fameux film après les infos qui peuvent plomber toute personne normalement constituée. Appelez vos copains et faites-vous un bon ciné, pas trop tard.

Il n'a jamais supporté les Dupont, votre frère, votre amie d'enfance, votre vieux pote avec lequel vous avez fait les quatre cents coups en période prépubère ? Allez-y, renouez avec tous ceux qui vous feront du bien.

Il ne supportait pas que vous soyez trop ou pas maquillée ? Il vous détestait en jean avec vos boots fétiches pour aller dîner chez tante Josiane ? Soyez à l'aise dans vos baskets ! Le secret de votre style est de vous sentir bien dans votre peau. Passez chez le dentiste, de jolies dents permettent d'oser sourire, et un joli sourire fait oublier le reste !

Il était allergique aux pollens ? Mettez des fleurs dans la maison et des plantes dans les jardinières si vous avez la chance d'avoir un balcon. Oui, c'est vous qui les aurez achetées, mais voir une fleur éclore met du baume au cœur !

Laissez-vous gâter par vos proches.
Mettez votre fierté dans un coin et acceptez les gestes bienveillants de vos amis.

Comment vous rendre heureuse ?

Pour le site Internet du magazine *Psychologies*, Christophe André, psychiatre spécialisé dans les problèmes d'anxiété et de phobies, a listé quelques pistes permettant de se rendre heureux. Suivez le guide, la balle est dans votre camp !

Soyez optimiste

Même si voir la vie du bon côté est plus énergivore et plus difficile à appliquer que de se laisser aller au malheur. Par ailleurs, faites en sorte de rapidement écarter les émotions négatives qui vous traversent. Du balai !

Prenez soin de vous

Eh oui, plus on va mal, moins on a envie de se chouchouter. Rappelez-vous Bridget Jones engouffrant des bacs de glace entiers, en pyjama, dans son canapé... C'est un véritable cercle vicieux. Et de celui-là non plus, on n'en veut pas. Alors réamorcez le cercle vertueux, ne vous laissez pas aller. Bichonnez-vous, vous en avez bien besoin et vous le méritez.

Agissez

À chaque problème, une solution, comme on dit. Ne ressassez pas vos malheurs, ça ne servirait à rien. Ils ne sont pas insurmontables et vous pouvez les résoudre.

Entourez-vous

Fuyez les gens malveillants qui ne vous font pas de bien et qui vous éloignent de votre nouvel optimisme. Entourez-vous de personnes bienveillantes.

Ne vous en remettez pas au hasard

Soyez active dans votre recherche du bonheur, profitez de chaque opportunité que vous offre la vie pour avancer.

Le cœur du bonheur

Entourez les verbes qui participent au mieux à votre bonheur. Cette liste n'est pas exhaustive, complétez-la autant que vous voulez, et remplissez votre cœur !

sourire se souvenir ranger rêver rire voyager aimer analyser apprendre contempler courir créer cuisiner danser décider découvrir dormir échanger écouter féliciter gravir guider imaginer inventer jeter marcher observer parler savourer

15 jours de glande et de soirées entre potes... Je crois que je me suis suffisamment réapproprié l'appartement... j'y ai bien laissé ma patte, mais là il serait temps que je re-laisse agir la fée du logis qui est en moi...

CHEMIN

« Tout le monde veut vivre au sommet de la montagne, sans soupçonner que le vrai bonheur est dans la manière de gravir la pente. »

Gabriel García Márquez, *Cent ans de solitude.*

Le constat est là !

Vous en bavez des ronds de chapeau, pas besoin qu'on vous le répète, vous le savez, vous le vivez. L'anéantissement que vous ressentez va tour à tour s'estomper, se transformer, partir pour revenir, s'apaiser pour se réveiller. Bref, il va vous accompagner pendant de longs mois. Inutile de vous mentir. Et inutile de me remercier pour la mauvaise nouvelle !

Car il y a de bonnes nouvelles...

La première est que vous allez vous en sortir. Mais si ! Tout ce qui vient finira par s'en aller. Tout, même le poignard que vous avez dans le cœur.

La deuxième est que la rupture que vous subissez va vous aider à comprendre qui vous êtes vraiment. Au plus profond de vous.

La troisième est que plus vous serez en opposition avec votre situation, moins vous avancerez. Le cheminement qui démarre lorsque votre amoureux vous quitte et qui vous mène à votre vie nouvelle est difficile et pavé d'épines. Mais il peut devenir enrichissant, gratifiant et vous conduire gaiement vers la personne avec laquelle vous devez vivre en harmonie : vous.

Oui, oui, vous ne vouliez pas de tout ce bazar dans vos émotions et votre organisation.

> *« Lorsque mon compagnon est parti, je me suis réapproprié mon appartement en changeant la déco et en bougeant tous les meubles. J'ai changé de boulot, changé de coupe de cheveux et je me suis rapprochée de ma mère et de ma sœur.*
>
> *J'ai beaucoup appris sur moi ; j'avais oublié que je suis plus solitaire que je ne le croyais et que je n'étais pas l'égoïste manipulatrice qu'il prétendait que j'étais.*
>
> *Je m'aime plus qu'avant, j'ai l'impression de m'être retrouvée. Je me sens moins dépendante de l'autre qui ne m'appartenait pas. Je me sens moins naïve et je n'attends pas que quelqu'un me sauve... Je me suis sauvée toute seule !*
>
> Marianne, 52 ans, 1 enfant

> *J'ai consulté une super-psy deux fois par semaine. Et les potes se relayaient tous les soirs à la maison, pendant quelques semaines.*
>
> Bénédicte, 45 ans, 3 enfants

Oui, c'est un ~~salopard~~ homme qui a repris sa liberté.

Une fois que cet axiome est posé, on en fait quoi ?

Il faut bien avancer, ce n'est pas bon de ressasser, ça ralentit ! Alors voyons ensemble comment trouver des astuces pour alléger votre pas.

Profitez-en pour

- Vous souvenir de qui vous étiez avant votre vie commune. Rieuse, solitaire, vous aimiez votre bande ou, au contraire, vos après-midi préférés se passaient à la bibliothèque ? Reconnectez-vous avec qui vous étiez vraiment.
- Ne vous projetez pas trop loin. Ça fait peur. Et c'est inutile. Profitez plutôt des petits plaisirs au quotidien… même si ce sont de tout petits plaisirs, ce sont ceux que vous avez à portée de main, ils vous appartiennent.
- Vous faire masser aussi souvent que possible, cela compensera d'une certaine manière l'absence (momentanée) de bras cajoleurs autour de vous. Votre peau a besoin de contacts.
- Vous étaler dans le lit. Faites l'étoile de mer, apprenez à dormir au milieu du matelas en vous enroulant dans la couette.
- Apprendre à construire de nouveaux repères là où le repère a été construit à deux. Changez la déco de votre appartement, changez de destination de vacances, changez de resto préféré… Changez tout ce qui vous permettra de vous retrouver vous, en vous réinventant !
- Oxygéner votre vie avec de nouvelles activités, parachutisme, écriture, piano…, tout ce que vous rêviez de faire secrètement.
- Accepter de ne pas aller trop vite, de ne pas brûler les étapes.
- Vous moquer du qu'en-dira-t-on.
- Faire la liste des + et des - de ce que vous êtes en train de vivre. Et gardez-la. Faites-la aussi souvent que vous sentez votre perception changer. Vous verrez, c'est très encourageant de comparer ces listes au fil du temps !
- Ne pas oublier que la personne la plus importante, c'est vous !

Votre chemin

Notez sur le chemin de votre vie les douleurs que vous ressentez en rouge et les joies que vous vivez en toute autre couleur de votre choix.

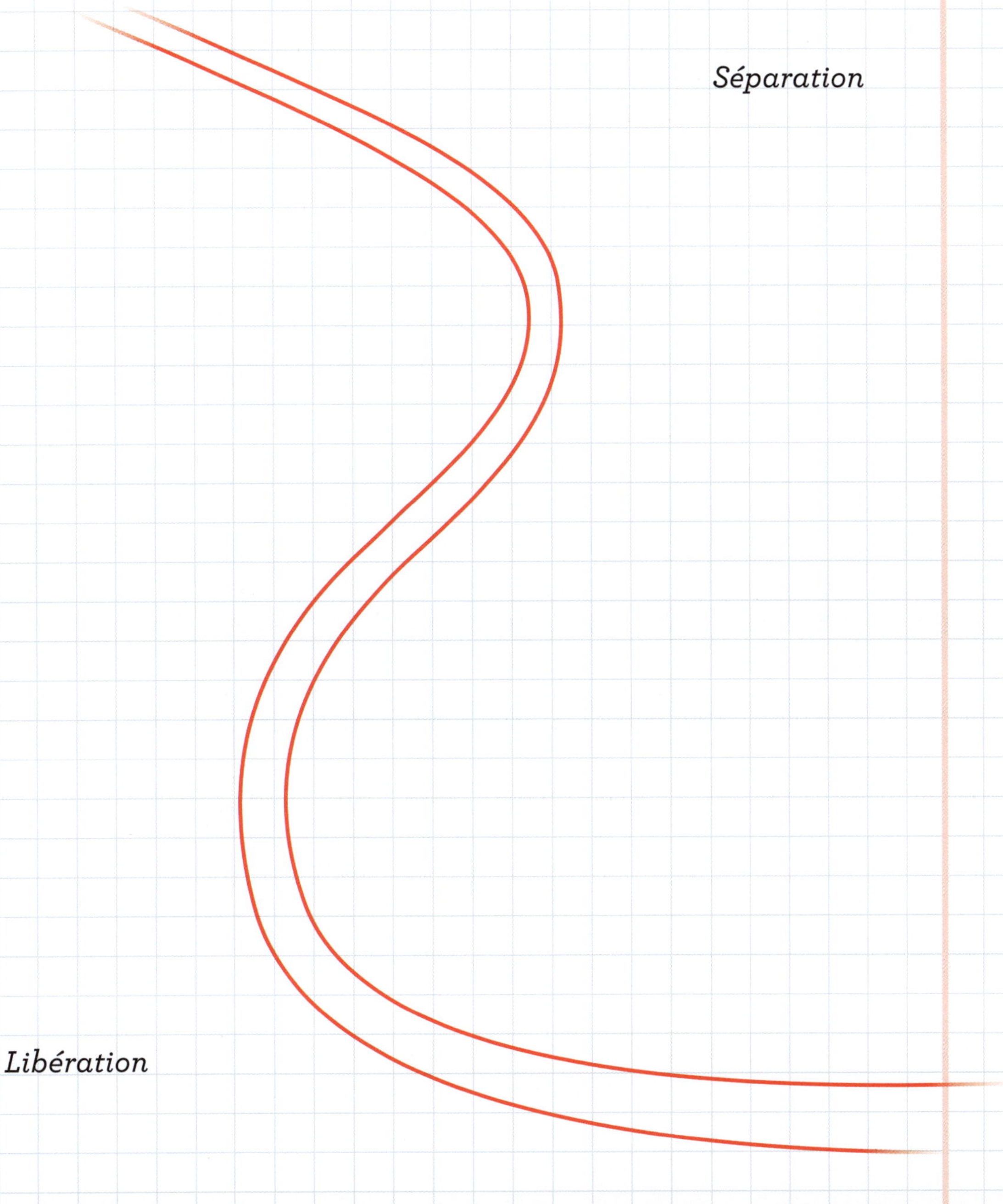

CRUAUTÉ

« Quelle cruauté de voir ce qu'on hait,
en quittant ce qu'on aime. »
Sacha Guitry, *Les Femmes qui aiment.*

> *« Je retrouve au restaurant mon ex-belle-mère avec qui je continue à entretenir une relation très amicale et sincère malgré les trois ans de séparation d'avec son fils. Le patron vient la saluer. Ils se connaissent bien ces deux-là apparemment. Je me présente avec mon nom de femme mariée. Il est étonné de ne pas me connaître alors que, de toute évidence, il connaît chaque membre de la famille. Et j'entends ma belle-mère dire dans un énorme éclat de rire : « Non mais elle, c'est l'EX, normal que vous ne la connaissiez pas... » Il aurait été plus élégant, moins violent, qu'elle me présente comme la mère de ses petits-enfants ! Autant dire que depuis, je la vois beaucoup moins !*
>
> Françoise, 35 ans, 2 enfants

La cruauté des ruptures à sens unique

Ressentir comme cruels les événements qui vous sont infligés est consécutif à la perte de contrôle de la situation.

Ses actes sont cruels, oui. Le cataclysme que vous avez pris sur la tronche est cruel, oui.

Mais lui, l'homme qui vous quitte, l'est-il vraiment ?

Le grand écart entre ses mots qui se veulent rassurants : « on restera amis » ; « tu es une super-nana » ; « je te quitte pour ne pas te détruire » ; « tu vas trouver un autre amour », toutes ces phrases que vous avez peut-être entendues, vous avez du mal à les intégrer car vous ne les comprenez pas et qu'elles vous transpercent le cœur cruellement.

Vous l'aimez peut-être encore. Oui, je sais, vous le détestez, mais n'oubliez pas qu'amour et haine sont des sentiments cousins ; disons que vous êtes encore liés par des sentiments ambigus. Une chose semble claire, c'est que lui ne vous aime plus d'amour. C'est cruel.

La vie que vous connaissiez se fait la malle. C'est cruel.

L'attitude de vos proches est parfois maladroite et malveillante. C'est cruel.

Il ment sur votre relation passée pour se donner bonne conscience. C'est cruel. Mais n'oubliez pas que quand on veut tuer son chien, on dit qu'il a la rage.

Être victime d'une situation subie est cruel, mais ce que nous prenons pour de la cruauté chez l'autre est bien souvent de la lâcheté et de la maladresse.

Boucliers magiques : protection maximale !

- Mettez-vous dans une bulle protectrice si vous devez voir votre ex. Visualisez un cocon protecteur autour de vous et ne laissez pas l'autre et ses phrases assassines empiéter sur votre territoire et grignoter goulûment le peu de confiance en vous qu'il vous reste.
- Cessez de vouloir le changer, la seule personne que vous pouvez changer, c'est vous !
- Retrouvez confiance en vous. Entreprenez un travail psychothérapique qui vous mènera vers l'indépendance affective.
- Renouez des liens forts avec la famille, entourez-vous d'un cercle d'amis de confiance.
- Apprenez à mieux vous connaître. Si vous n'êtes pas vous-même, qui le sera pour vous ? Si vous ne vivez pas pour vous-même, qui vivra pour vous ?
- Réduisez au minimum syndical les liens avec votre ex. Interagissez par mail pour régler les contingences des enfants par exemple. Ne le prenez plus au téléphone, ne le voyez plus ; cette distance vous permettra de ne pas prêter le flanc aux paroles cruelles dont vous vous sentez la cible.

> “ *J'apprends que les Tartempion font leur grand dîner de printemps. Dîner duquel mon ex et moi étions des piliers. La date approchant, sans avoir eu de nouvelles, j'appelle ma copine en lui disant en riant qu'elle m'avait oubliée. Sa réponse m'a glacé les sangs : « Désolée, Christine, mais le fait que tu sois seule ne m'arrange pas du tout pour mon plan de table. Une prochaine fois, promis, quand tu auras de nouveau un homme dans ta vie. » Moi je dis : CRUEL !*
>
> Christine, 40 ans, 3 enfants

- Si vous n'êtes pas encore divorcée, foncez ! Pour votre survie, coupez ce fil.
- N'oubliez pas que l'on ne parle jamais que de soi-même : les cruels reproches qui vous sont faits s'adressent-ils vraiment à vous ? Ne parle-t-il pas tout simplement de LUI ?

À apprendre par cœur

Lâchez la liste des courses et faites la liste de vos qualités : avec votre famille, avec vos collègues, avec vos amis.

Si vous êtes au bout du rouleau et qu'aucune de vos qualités ne vous vient, faites-vous aider par votre entourage ; vous verrez que la liste est plus longue que vous ne le pensiez. Un beau magnet en forme de cœur et hop, sur le frigo. À lire et à relire (interro en fin de semaine).

Le tableau de la cruauté

Il est facile de faire la liste des expériences difficiles, mais plus compliqué de voir le positif !

J'ai donc rempli pour vous la colonne de gauche, à vous de faire l'exercice, et de proposer l'équivalent «pas cruel» dans la colonne de droite :

Cruel	*Pas cruel*
• Nier que votre amour a existé.	•
• Ne pas reconnaître votre souffrance.	•
• Ne pas se souvenir du bonheur partagé durant votre vie commune... et vous le dire !	•
• Ne pas vous donner d'explications sur son départ.	•
• Ne pas reconnaître votre existence en tant que personne à part entière en ne respectant pas le planning de garde des enfants, par exemple.	•
• Vous raconter ses nouvelles amours en vous prenant pour son vieux pote.	•
• Vous expliquer qu'il n'a jamais été aussi heureux que depuis qu'il est parti.	•

CULPABILITÉ

« Si tes remords sont vrais,
ton cœur n'est plus coupable. »
Voltaire, *Le Fanatisme ou Mahomet le prophète.*

Le comble

Vous considérez que vous êtes la victime de votre séparation. Vous n'avez rien vu venir, rien demandé, tout bien fait comme il fallait et *vlam !* vous vous êtes fait larguer. Depuis, beaucoup d'émotions remontent à la surface de votre quotidien. Et, dans le lot, il y en a une que vous connaissez bien. Elle est tapie en vous depuis votre plus tendre enfance. Elle vous renvoie une image de vous que vous n'aimez pas. La culpabilité… Ça vous dit quelque chose ?

Stop !

Vous culpabilisez de :

- ne pas avoir su sauver votre couple ;
- ne pas avoir pu protéger vos enfants de votre séparation ;
- ne pas avoir été une bonne cuisinière, une sportive émérite, une femme indépendante ou au contraire trop libre ;
- d'être blonde ;
- d'être brune ;
- d'être trop maigre ;
- trop grosse ;
- trop bruyante ;
- trop ou pas assez aimante…

Stop ! Arrêtez de vous flageller. Analysez le pourquoi du comment, certes, mais de façon constructive et non paranoïaque.

Et arrêtez de culpabiliser parce que… vous culpabilisez !

Rien ne vous ramènera à votre passé et rien ne changera la personne que vous étiez à ce moment-là. En revanche, à vous d'apprendre de vos agissements passés pour être au clair avec ce que vous voulez et pouvez offrir lors d'une prochaine relation.

> “ *Je sors d'une relation de deux ans avec un homme que j'ai vraiment adoré. Je culpabilise de m'être littéralement oubliée dans cette relation: j'ai tout accepté, tout fait pour qu'il se sente bien, tout tournait autour de lui. Tout ça pour qu'il me largue. Je m'en veux!*
>
> Fleur, 25 ans

Bonne nouvelle !

Selon le psychanalyste Jacques Lacan, la culpabilité, comme la colère, la peur ou la joie, appartient aux affects les plus universels et les plus archaïques. Elle est innée et vous « devez faire avec » depuis le jour où, petite fille, vous vous en vouliez de détester votre maman par ailleurs adorée. Vous êtes donc normale : chouette comme nouvelle, non ?

La culpabilité est utile, sa fonction est de vous pousser à observer les expressions de votre entourage afin de décoder les effets de votre comportement. Elle vous permet d'éviter de faire du mal aux autres. Mais attention, ce processus totalement standard comporte différents degrés qui peuvent aller d'une culpabilité modérée tout à fait gérable à une autre plus envahissante et moins contrôlée qui peut amener vers un état dépressif.

Conseils pratiques pour déculpabiliser

- Apprivoisez votre culpabilité plutôt que de l'ignorer. Ce n'est pas en mettant un mouchoir dessus que vous allez apprendre à mieux vous comprendre.
- Trouvez un sens à votre sentiment de culpabilité. Réfléchissez à ce à quoi elle vous renvoie, indépendamment de la situation présente.
- Demandez à votre ex de vous expliquer les raisons de son départ. Un « parce que j'en ai marre » n'est pas recevable, on est bien d'accord avec ça ? Pour arrêter de vous en vouloir à propos du jour où vous avez mis trop de sel dans le gratin dauphinois, vous avez besoin de comprendre clairement les raisons de son ras-le-bol amoureux.
- Si vous estimez que vous avez commis des erreurs vis-à-vis de votre ex-conjoint, dites-le-lui. Plus facile à dire qu'à faire. Lui écrire sera peut-être plus fluide et plus constructif ; cela vous permettra de peser chaque mot et de ne pas vous laisser emporter par vos émotions.
- Pardonnez-vous les comportements passés dont vous n'êtes pas fière. Acceptez-les, ne les niez pas : cette honnêteté deviendra l'une des forces de la personne que vous êtes en passe de devenir.

Mais, je dis mais !

La culpabilité peut être un sentiment trompeur : vous sentir coupable ne prouve pas que vous le soyez. La frontière entre bonnes et mauvaises conduites est ténue. Seule votre subjectivité vous dicte ce qui est « bien » et ce qui est « mal ».

Tout au long de votre relation amoureuse, vous vous êtes appliquée à être en adéquation avec celle que vous étiez à cette époque-là. Il est inutile de ressentir cet échec sentimental comme une faute morale et personnelle. Sortir de votre culpabilité passera par une bonne connaissance de vous-même, par la reconnaissance de vos véritables désirs et de vos éventuelles erreurs.

“ *J'ai le sentiment d'avoir tout fait pour que nos vingt-cinq ans de vie commune aient été les plus doux, les plus gais et les plus en adéquation avec ce qu'il en attendait. Quand il est parti, j'ai ressenti une impression d'injustice, mais aussi beaucoup de culpabilité. Tout est source de questionnements : qu'est-ce que j'ai mal fait ? À quel moment est-ce que j'ai merdé ? Une psy m'aide à comprendre que mes traits de caractère ont toujours été là avec leurs bons et leurs mauvais côtés, et que ce sont certainement ses attentes à lui qui ont changé et non pas qui je suis. Cela me permet, petit à petit, de sortir de cette culpabilité.*

Marie, 51 ans, 5 enfants

DEUIL

« Deuil. n.m. (lat. dolus*). Faire son deuil de quelque chose, y renoncer, se résigner à en être privé. »*

Larousse

Exagération ou réalité ?

Sur le plan social, la rupture d'une relation est aujourd'hui banalisée. Mais sur le plan émotionnel, elle ne se fait jamais sans souffrance. Cette dernière est proportionnelle à la force de l'attachement et à l'importance de l'investissement affectif au moment de la séparation.

La séparation est source de détresse et s'assimile au deuil. Souvent associé à la souffrance, le deuil peut aussi être considéré comme un processus de délivrance.

Le deuil est en effet un processus actif : on dit « faire son deuil ». La personne en deuil peut sembler dépressive, mais un cheminement intérieur a bien lieu.

Le deuil se saucissonne doublement. Il s'agit d'abord de se séparer de deux personnes :

- de son ex ;
- de la femme que l'on était avec lui.

Ensuite, il se découpe en différentes étapes. Ces dernières ne sont pas linéaires et se chevauchent. Elles peuvent même se répéter jusqu'à ce que vous vous sentiez sortie d'affaire. Ces étapes ont été décrites par la psychologue Elisabeth Kübler-Ross.

Les cinq étapes du deuil

Le choc, le déni

Cette courte phase du deuil survient lorsque l'on apprend la perte. Le déni permet de se protéger et de gommer la réalité qui est si difficile à affronter ; nos illusions cherchent à s'imposer par tous les moyens. C'est une période plus ou moins intense où les émotions sont très confuses et peuvent sembler absentes. Et c'est tant mieux ! Le fait de se sentir quasi anesthésiée, sidérée, permet de ne pas commettre l'irréparable. C'est en quittant ce stade du deuil que la réalité de la perte s'installe.

La colère

Cette deuxième phase est caractérisée par un sentiment de colère face à la perte. Dans certains cas, notamment lorsqu'il s'agit de faire le deuil d'une relation amoureuse, un sentiment de culpabilité peut voir le jour. C'est une période de questionnements.

Le marchandage

Phase où l'on tente de trouver à qui revient la faute. On doit trouver un arrangement avec le changement. Lors de cette phase, on commence à se projeter dans l'avenir.

L'état dépressif

La tension violente que peut provoquer l'état de colère peut engendrer un épuisement physique. Mêlant tout à la fois le choc initial, le déni et la colère, on peut éprouver un abattement plus ou moins grave. Cette période est plus ou moins longue selon les individus et les circonstances. Elle se caractérise par une grande tristesse, de la détresse et de profondes remises en question. Il faut gérer des manifestations de douleur physique (céphalées, maux de ventre, perte de sommeil et d'appétit, boule dans la gorge, attitudes destructrices) et mentale (manque de concentration, perte de confiance en soi).

L'acceptation

C'est la dernière étape du deuil. L'endeuillé se sent mieux. La réalité de la perte est mieux comprise et acceptée. On éprouve encore de la tristesse, mais on retrouve le goût de vivre en réorganisant sa vie en fonction de la perte.

À votre avis, combien d'années certains experts estiment-ils qu'il faut pour passer du sentiment de déni au sentiment d'acceptation ?

☐ 6 mois ☐ 1 an ☐ 3 ans

3 ans

Deuil et déni

Mon amie Flo et moi nous retrouvons pour boire un pot un vendredi soir. Elle me trouve plutôt en forme et nous passons un moment sympa à regarder les passants dans la rue et à ricaner gaiement. Nous parlons de mon divorce en cours et de l'homme qui va bientôt devenir mon ex-mari. Et je prononce cette phrase hallucinante : « Dis-moi ce que tu en penses, tu crois qu'il me trompe depuis qu'il est parti ? »

Il est parti depuis six mois... quand même !

Son regard stupéfait m'a fait réaliser l'incongruité de ce que je venais de dire. Voilà, c'est ça, le déni. Quand on sait mais que l'information n'atteint pas les neurones. Ou que les neurones ne délivrent pas l'information comme ils le devraient en temps normal.

Le déni permet de se protéger et de gommer la réalité qui est si difficile à affronter ; nos illusions cherchent à s'imposer par tous les moyens.

Au tout début de ma séparation, quelques-unes de mes copines me disaient : « N'espère pas guérir tout de suite, il faut deux ans pour faire son deuil. » Deux ans... pourquoi deux ans ? Cela me semblait alors une traversée du désert absolument insurmontable. Peut-être n'avaient-elles pas tort. Ce qu'il faut savoir, c'est que le cheminement du deuil n'est pas linéaire et que chacune le vivra à son rythme.

Il y a des étapes, certes, mais c'est exactement comme si vous étiez en bas des marches de la tour Eiffel ; vous les gravissez courageusement (vous n'avez pas le choix) et ce n'est pas parce que vous avez atteint le deuxième étage que vous n'aurez pas à redescendre une dizaine de marches ; lorsque vous aurez à les gravir à nouveau, votre pas sera plus léger.

Une chose est certaine, il faut du temps ! Et il faut que ce temps vous soit profitable, pour que vous puissiez enfin penser *je* et non plus *nous*.

Astuces pour limiter les dégâts

Dans mon cas, celui d'une rupture amoureuse dont je n'ai pas eu l'initiative, mon ego en a pris un sacré coup ! Il m'a été salvateur de m'entourer de ma famille et de quelques amis afin d'aider mon ego à refaire surface.

Il faut comprendre ses manques et ses attentes. La véritable transformation passe en priorité par soi. Il est nécessaire de se faire plaisir, de bien s'entourer pour reconstituer son « stock émotionnel positif ». Me faire plaisir a été d'apprendre à écouter mes envies, aussi simples soient-elles, en pensant à *moi* et non à *lui* ou à *nous*.

- Ne jamais mêler « l'autre » aux différentes phases du deuil. OK, j'avoue – lors des deux premières étapes (le choc, le déni) – l'avoir appelé en larmes autour de cinquante fois en quelques jours en niant totalement son choix de me quitter puis en me jetant d'une façon tout à fait théâtrale à ses pieds en lui expliquant que j'accepterai tout de lui, pourvu qu'il revienne.
- L'écueil à éviter : être à la recherche d'un « autre » trop rapidement sous prétexte de flatter son ego. S'amuser, se rassurer par rapport à sa féminité : oui. Projeter sur le premier venu la reproduction de son amour perdu : non !
- Oser pleurer, ne pas avoir honte de ses larmes, de sa colère, de sa peur. Bien choisir les personnes avec qui l'on partage ces moments (souvent excessifs) sans avoir peur d'être jugée, ni sur le moment ni le lendemain lorsqu'on leur dira l'inverse de la veille.

Je vous l'ai dit, la période de deuil est une période agitée durant laquelle on a le droit de changer d'avis, de rire, puis de pleurer, puis de rire... et tout ça en une heure.

Nouveau rituel les loupiots ! le portable est bourré de dessins-animés, j'ai pris tous les coussins de la maison et j'ai fait suffisamment de réserves de bonbons pour qu'on n'ait pas besoin de sortir de la tente avant la fin du week-end !

ENFANTS

« Bien observés, nos enfants sont pour nous de bons éducateurs. »

Pierre Dehaye, *Naître est une longue patience.*

Chérubin, Gamin, Gnard, Loupiot...

... Marmouset, Minot, Pitchoun, Biquet, Chiard, Descendant, Môme, Minouche, Morpion, Polisson, Rejeton, Morveux, Minouchet, Progéniture, Gosse, Marmaille, Mioche, Poulbot, Angelot, Bambin, Drôle, Galopin, Lardon, Marmot, Moufflet...

Deux cent cinquante mille enfants subissent chaque année en France la séparation de leurs parents, et trois millions d'enfants de moins de 25 ans vivent avec leur maman (soit 80 % des enfants de divorces de cette tranche d'âge).

L'onde de choc

Les cinq miens rentraient dans ce groupe en freinant des quatre fers. Pour me rassurer, je me suis dit que les enfants d'aujourd'hui dégustent moins qu'autrefois : le divorce s'est banalisé, c'est hyper normal d'avoir des parents divorcés...
En attendant, ils souffrent d'une situation qu'ils n'ont pas voulue et ils souffrent de voir leurs parents souffrir.

Lorsque mon cher et tendre s'est fait la malle, je n'ai pas uniquement fait le constat de la fin de mon couple, mais bien aussi celui de ma famille, de mon idéal familial.

Mon traumatisme est venu du choc, puis de l'onde de choc qui s'en est suivie. Tout ce que l'on a mis en place comme habitudes, comme rituels, se trouve bouleversé. À commencer par sa relation aux enfants. Mes enfants et moi avons perdu tous nos repères et il a fallu trouver un nouvel équilibre. Ensemble et individuellement.

Nous avons été au centre de nos préoccupations respectives pendant de longs mois. Ma priorité a été qu'ils retrouvent, autant que possible, de la légèreté et qu'ils reprennent le chemin de leur vie respective. Les enfants aussi ont un travail de deuil à faire, il leur faut donc du temps. Et pour les y aider, j'ai fait en sorte de les rassurer sans pour autant les étouffer (pas certaine d'y être arrivée, à ne pas les étouffer...).

La force de la famille

Dans les jours qui ont suivi la séparation, mes filles de 22 et 24 ans, qui avaient déjà quitté le nid familial, sont revenues vivre à la maison.

Nous avons « dormi » (les nuits étaient agitées et courtes) tous les six (oui, 1 + 5 = 6...) dans le même lit pendant quelque temps. Aucun de nous n'a eu à cœur d'immortaliser ces moments, je le regrette aujourd'hui : il nous manque un bon selfie dans notre album ! Nous étions comme des petits animaux effrayés dans leur terrier... Nous nous tenions chaud, nous avions besoin de nous assurer que personne d'autre du clan ne s'échapperait. Puis, petit à petit, chacun a rejoint ses pénates.

Cette grande fratrie à gérer m'a « obligée » à renouer avec les gestes du quotidien et à prendre sur moi pour les rassurer et les remettre sur les rails de leur vie. Beaucoup d'amour a circulé entre nous six, une nouvelle relation est née, des liens très forts se sont créés. Les enfants ont été les uns avec les autres d'un soutien sans faille, à tour de rôle en fonction de leur moral du moment.

Des moments de partage

Nous avons partagé des moments de grande tristesse, des soirées à décortiquer la situation, des instants de doute quant au fait de « s'en sortir ». Nous nous en serions bien passé, mais ces moments ont existé et, finalement, nous ont fait partager une histoire commune qui restera un lien unique entre nous. Nous avons aussi partagé des soirées de pure folie où la maison devenait la « maison du bonheur » où les amis des uns et des autres étaient les bienvenus. (Je, soussignée, m'excuse par la présente auprès de vous, mes anciens voisins, pour les nuits blanches que vous avez passées grâce à nous. Comme vous avez dû être soulagés lorsque vous avez vu le camion de déménagement arriver !)

Premières semaines avec les enfants Mon kit de survie

Assouplissez (un peu...) les règles de vie. Il ne s'agit pas de tout lâcher, mais un peu de souplesse peut aider. Votre petit dernier veut regarder la fin du film ? Votre aîné veut boire un pot en sortant du lycée ? Lâchez un peu de lest, les enfants ont besoin de douceur et de compréhension !

Soyez à leur écoute et soyez là pour répondre à leurs questions. Mais, surtout, ne parlez pas que de *ça* ! Les enfants saturent assez vite et n'ont pas envie que la séparation de leurs parents soit l'unique sujet à la maison.

Organisez des dîners, des pots, des fêtes à la maison. C'est important pour les enfants que la vie continue gaiement en créant de nouveaux souvenirs joyeux dans l'espace « commun ». Et puis laissez votre porte ouverte à leurs amis ; ça sera certes bruyant, mais vous garderez ainsi un œil sur leurs fréquentations !

Inventez de nouveaux rituels avec eux, qui n'appartiennent pas au passé, mais à votre nouvelle entité familiale.

Appuyez-vous sur les grands-parents. Leur rôle est essentiel : bienveillance, écoute, attention, amour et apaisement permettent d'alléger la situation de crise. C'est également un lien avec la vie « d'avant ». J'ai la chance de très bien m'entendre avec ma belle-famille, mes enfants sont rassurés lorsque l'on se retrouve tous ensemble. Les grands-parents peuvent aussi prendre le relais pour que les enfants et vous ne viviez pas repliés sur vous-mêmes.

Besoin d'affection

Le divorce des parents a pour effet de diminuer le sentiment de sécurité et de protection que procurait la famille avec un papa et une maman. Les besoins accrus d'affection de mes « petits » dans cette période troublée ont été immédiats. Y répondre a été d'autant plus compliqué que j'étais moi-même dans une période de crise intense. Comment être sincère sans leur ajouter stress et tristesse ? Tout dépend de leur âge, de leur caractère et de leur capacité à « intelligérer » les informations liées à la situation. Il faut écouter son bon sens, rester calme et respecter quelques règles…

Les règles d'or

- Rassurez vos enfants sur le fait qu'ils ne sont pas responsables de cette rupture et que l'amour que chacun des parents leur porte est bien là.
- Ne les impliquez pas dans vos éventuels conflits. La capacité des parents à régler leurs problèmes sans impliquer les enfants est primordiale. Les conflits qui perdurent ont des effets plus dévastateurs que la rupture elle-même. Cinq ans après, 30 % des enfants vivent encore dans un climat conflictuel. N'utilisez pas vos enfants comme porte-parole ou bouc émissaire de vos ressentiments envers votre ex-conjoint. Ne dites pas du mal de l'autre : vos proches peuvent l'entendre, pas vos enfants !
- Ne leur demandez pas de choisir. Le fameux : « Tu préfères ton papa ou ta maman ? » est à bannir. Il est impossible pour un enfant, quel que soit son âge, de faire ce choix cornélien. Ils peuvent juger, avoir leur propre opinion sur la situation et les « torts » de chacun des parents, mais l'amour qu'un enfant a pour chacun de ses parents doit rester intact. Aidez-les dans ce sens, même si cela vous est parfois difficile. Il en va de leur bien-être psychologique !
- Parlez des enfants avec votre ex afin qu'ils comprennent que leurs parents n'existent certes plus en tant qu'entité « couple », mais qu'ils existeront toujours en tant qu'entité « parents ». Il est fondamental de se parler sur l'éducation, les choix d'orientation, les sports à pratiquer, leurs besoins en général.
- Faites en sorte que vos enfants se sentent libres de parler de ce qui se passe chez l'autre parent.
- Ne faites pas de vos enfants votre seule raison de vivre, c'est une responsabilité trop lourde pour eux.

Quand l'enfant devient adulte

- 63 % déclarent avoir énormément souffert de la séparation de leurs parents.
- Cette séparation a créé un sentiment d'abandon durable pour 59 % d'entre eux.
- Plus ils sont âgés, moins ils reprochent à leurs parents de s'être séparés. 48 % pour les 18-24 ans contre 15 % pour les plus de 56 ans. La vie en couple les rendant certainement plus indulgents ! En moyenne, 35 % de l'ensemble reprochent à leurs parents cette séparation.
- 40 % des interviewés n'ont pas maintenu de lien avec le parent qui n'avait pas la garde.
- Les enfants dont les parents se sont séparés lorsqu'ils avaient moins de 3 ans éprouvent une souffrance plus modérée.
- Bonne nouvelle : 82 % d'entre eux croient au grand amour pour toute la vie !

Enquête auprès de mille cent trente-sept adultes ayant connu la séparation de leurs parents dans leur enfance. L'échantillon comporte autant de femmes que d'hommes, la moitié ayant entre 18 et 35 ans, l'autre étant plus âgée. 27 % avaient moins de 6 ans lors de la séparation, 20 % avaient plus de 18 ans. Aujourd'hui, 90 % d'entre eux sont parents. La moitié d'entre eux est mariée.

ENNUI

« L'ennui, c'est la vie revêtue d'un costume gris. »

Augusta Amiel-Lapeyre, *Pensées sauvages.*

Quel ennui de s'ennuyer !

Allez, avouez qu'avant votre séparation, vous avez souvent rêvé de glandouiller un week-end entier, sans la contrainte du planning de votre ex. Il vous est arrivé d'espérer passer un week-end seule, avec votre bouquin, à regarder voler les mouches. Vous avez même secrètement croisé les doigts pour que votre mec parte en mission au bout du monde pour vous laisser libre de faire les mille et une choses que vous ne pouviez pas faire en couple.

Bon, ben voilà, vous êtes servie maintenant ! Alors pourquoi ce désœuvrement ? Pourquoi vous sentez-vous à ce point déboussolée ? Pourquoi vous traînez-vous comme une âme en peine ?

Y'a comme qui dirait un vide...

Aimer et être aimée, ça occupe ! L'autre comblait vos journées, vos soirées, vos week-ends, vos pensées. Dans un couple aimant, le bien-être de l'autre est une occupation centrale et chronophage.

Au fil des mois de votre vie commune, vous vous êtes mise à aimer les mêmes choses que lui, sur un rythme commun. Difficile aujourd'hui de trouver l'énergie et l'envie d'apprendre à faire des choses par et pour vous-même. Traîner au lit avec le dernier numéro de *Elle* vous barbe, sortir vous faire un cinoche vous chagrine, vous n'arrivez plus à penser, vous n'avez envie de rien... L'ennui vous gagne...

À quel moment vous secouer ?

S'ennuyer dans la vie est un sentiment assez banal qui est, comme dirait Michel Sardou, dans le cœur des enfants, de 7 à 77 ans.

L'ennui « classique » peut facilement s'estomper dès lors que vous vous mettez à faire quelque chose de plaisant.
En revanche, il devient inquiétant quand :

- vous n'arrivez pas à vous en défaire et qu'il dure dans le temps ;
- il est accompagné de tristesse, d'envie de dormir, d'envie de pleurer ;
- votre seule occupation pour le combler est de vous jeter sur la première bouteille qui vous tombe sous la main ;
- il tourne à l'aigreur ;
- vous vous renfermez sur vous-même et que votre souffrance devient votre épicentre ;
- vous vous ennuyez tellement que vous devenez ennuyeuse.

> *“C'est horrible comme je me suis ennuyée ! Quand je me suis retrouvée toute seule (enfin, pour être précise : quand je me suis retrouvée seule avec les enfants...), je me suis jetée tête la première dans un tourbillon de sorties en tout genre. J'ai vécu l'adolescence que je n'avais jamais vécue. Et puis, au bout de six mois, plus rien, plus aucune envie. C'est comme si j'avais fait le tour de la question. Et là, je me suis vraiment ennuyée. Même mon boulot, que j'adore, m'ennuyait. Une énorme lassitude, un puits sans fond. Mes amis m'ennuyaient, je jalousais les couples, les contingences des enfants me pesaient, j'étais capable de passer un week-end entier à ne rien faire. Et le pire de tout, c'est que me voir m'ennuyer me mettait d'une humeur de chien. J'étais devenue vraiment pas cool, de mauvais poil tout le temps. Ennuyée et ennuyeuse. Le pompon ! Et puis j'ai commencé à reprendre le contrôle. Je me suis inscrite dans un groupe de théâtre ; deux soirées par mois occupées, c'était un début. Puis à un cours de danse ; cinq soirées par mois. J'y ai rencontré de nouvelles copines que j'ai commencé à fréquenter. Le cercle vertueux s'est mis en place. Aujourd'hui, quand il m'arrive de ne rien avoir à faire, ce n'est plus de l'ennui, c'est un moment de pause rien que pour moi..*
>
> Anne-Sophie, 50 ans, 2 enfants

L'arme anti-ennui

Notez ce qui vous fait vous lever le matin, ce que vous aimez faire au plus profond de vous.

Alors, pourquoi ne le faites-vous pas plus souvent ?

Quelques conseils pour sortir de votre désœuvrement

- Construisez-vous un nid agréable. Il est essentiel de vous sentir bien chez vous, que votre appartement, aussi petit soit-il, vous renvoie une image positive. Mieux vaut changer vos meubles de place un dimanche après-midi pluvieux que de regarder tomber la pluie en comptant les heures.
- Sortez avec des amis avec lesquels vous pouvez interagir et vous projeter dans des projets communs (un dîner, une activité sportive, un ciné…). Vous attendrez les prochains moments ensemble avec plaisir et vous passerez du temps à les organiser.
- N'attendez pas que le téléphone sonne. Prenez les devants. Flemme de faire un dîner pour six ? Lancez des invitations pour un apéro dînatoire. Soyez à l'initiative du dynamisme de votre réseau social.
- Vous rêviez d'apprendre à jouer du piano sans en trouver le temps ? La danse orientale vous a toujours fascinée ? Prendre des cours de cuisine vous fait saliver ? Vous mettre au macramé vous amuse ? Pensez à vos envies, sans aucun filtre, vous n'avez qu'une seule personne à satisfaire : vous.
- Accrochez-vous à ce qui vous fait vibrer, ce qui peut vous faire plaisir.
- Écrivez. Pourquoi vous vous ennuyez, ce que vous ressentez vraiment, ce que vous pourriez mettre en place pour que votre spleen s'atténue. Écrire vous permettra de préciser les choses.
- Remémorez-vous les périodes passées de votre vie où vous vous sentiez légèrement neurasthénique.
- Soyez bienveillante avec vous-même. Vous faites un deuil, certes, mais ne vous apitoyez pas sur votre sort, restez dans l'action tout en acceptant votre nouveau rythme.
- Acceptez qu'il soit bon parfois de vous ennuyer. Votre esprit peut en profiter pour vagabonder vers des terres inconnues.

Je ne te dirai pas "Un de perdu, dix de retrouvés", car ça ne marche pas avec les mecs, seulement avec les kilos!
Bon ben va falloir que je me remue pour trouver un nouveau Jules alors!
Et que tu me laisses finir tes frites !

HUMOUR

« L'humour est un déguisement sous lequel l'émotion peut affronter le monde extérieur. »

Tony Mayer, *Différence entre l'esprit et l'humour.*

L'humour, un super-remède

Je vous entends d'ici m'agonir d'injures en ouvrant ce nouveau chapitre. Pourquoi est-ce que je viens vous parler d'humour alors que vous avez envie de tout sauf de rire, ou même de sourire ?

Et pourtant si, ce n'est pas parce que vous êtes au trente-sixième dessous que vous devez arrêter de rire, bien au contraire ; le rire va vous aider à prendre du recul, à vous détendre et à reprendre confiance en vous.

L'humour, un super-défenseur

Grâce au rire, vous prenez le « pouvoir » sur l'autre et, de ce fait, vous redonnez confiance au pitre que vous êtes peut-être au fond de vous. Une plaisanterie qui fait rire amène à un véritable moment de gloire. Et ce sentiment est encore plus intense quand le bon mot est fondé sur l'autodérision. Rire d'une situation anxiogène, déprimante, angoissante, plutôt que de la dramatiser, être spectatrice de vous-même, vous permettra de prendre le recul nécessaire pour donner de la légèreté à cette situation. L'humour est la défense la meilleure que vous avez en main.

L'humour, un super-libérateur de pulsions

Selon la thèse développée par tonton Freud en 1905, l'humour, comme les rêves, libère impunément vos pulsions les plus inavouables sans que votre gendarme intérieur (si, si, vous en avez un, c'est votre surmoi) ne s'en offusque. L'humour va vous permettre d'exprimer très librement le non politiquement correct : votre mépris de l'autre, l'envie de crever ses pneus, l'urgence absolue de lui faire casser les genoux par des tueurs à gages. Vous pouvez tout dire, puisque vous faites de l'humour !

> *J'ai toujours adoré rire et faire rire. Quand Marc m'a quittée, j'ai passé de longues semaines sans même imaginer que je pourrais un jour faire remarcher mes zygomatiques. Je lui en ai voulu d'avoir étouffé ce trait qui me caractérise en me quittant. Un jour, à un dîner, le rire des autres a entraîné le mien et m'a redonné l'envie d'amuser la galerie. Je me suis lancée en me disant que je ne risquais rien à essayer et que ma vie était trop triste sans éclats de rire.*
>
> Stéphanie, 28 ans

L'humour, un super-docteur du corps et de l'esprit

Lorsque vous riez, le diaphragme, siège de vos émotions, bouge dans tous les sens, ce qui vous permet aussi d'évacuer votre colère, votre stress, votre tristesse.

Vous résoudrez vos problèmes plus facilement, car l'hémisphère gauche de votre cerveau (qui pilote la raison et la logique) est plus actif. La plasticité de votre cerveau augmente et de nouvelles connexions peuvent se produire ; l'humour aiguise votre intelligence en modifiant le fonctionnement cérébral.

La rigologie, késako ?

Instaurée en 2002 par Corinne Cosseron, qui dirige l'École internationale du rire, la rigologie est un ensemble de pratiques psycho corporelles destinées à stimuler l'optimisme de chacun. C'est une thérapie complémentaire à la psychothérapie. Elle allie psychologie, rire, yoga du rire et méditation du rire.

En libérant le rire, notre cerveau sécrète des endorphines, qui ont des effets bénéfiques sur notre corps, notre psychisme et nos comportements anxieux.

N'étant pas un but, mais bien un outil permettant de se connecter en profondeur à son propre rythme et à sa joie de vivre (même enfouie…), le rire n'est jamais forcé. La rigologie permet d'exprimer de manière ludique les émotions avec lesquelles nous sommes mal à l'aise.

N.B. : il est inutile de préparer vos meilleures blagues de Toto avant de vous inscrire à l'un des nombreux stages proposés dans toute la France !

L'humour, une source de liberté

Vous exprimer légèrement sur votre vie est une bonne manière de vous sentir libre. L'humour va vous permettre d'arrondir les angles blessants de votre quotidien et ainsi de passer outre des sentiments pénibles. Il vous protège de votre souffrance en mettant en place ce processus de défense.

Attention néanmoins à ne pas tomber dans la superficialité. Riez sans pour autant dissimuler votre sensibilité.

L'humour, un élastique social

L'humour procure à celle qui le pratique d'indéniables avantages sociaux.

Outre le fait que l'humour est un excellent moyen de communiquer, il provoque un effet d'empathie immédiat. Vos copains, collègues, amis d'amis auront plus spontanément envie d'inviter à leur table une nana rigolote qu'une pleurnicheuse.

Maintenant que vous naviguez en solo, faites valoir votre personnalité profonde et osez, sans avoir peur du regard de votre ex qui aurait peut-être jugé hors de propos les bons mots que vous vouliez partager. Vous n'avez rien à perdre, alors essayez et vous verrez, rire et faire rire, sourire, libère beaucoup plus de tensions que vous ne pouvez l'imaginer.

La vie est plus belle lorsque vous souriez

Le sourire conscient augmente en flèche les états d'âme positifs et vous rapproche des autres en les attirant. Cela qui contribue à favoriser votre bien-être car vous comme moi avez besoin d'être entourées.

Et puis, une femme qui sourit est tellement plus avenante et belle qu'une femme qui regarde ses pieds en faisant la tête !

Insomniaque, Ok. MAIS façon étoile de mer, en diagonale dans un king size bed !

INSOMNIES

« Souffrant d'insomnies, j'échangerais un matelas de plumes contre un sommeil de plomb. »

Pierre Dac

Fichu sommeil !

30 % de la population souffre d'insomnie... Vous en faites partie ? Difficulté à vous endormir ? Réveils nocturnes ou dès l'aube ? Sommeil pas assez réparateur ? Vous êtes crevée le matin quand vous partez bosser et vous n'en pouvez plus que la qualité de votre sommeil ait des retentissements sur votre moral ?

Vade retro, mauvaise nuit !

Que vous soyez une grosse (autour de neuf heures par nuit) ou une petite (six heures vous suffisent) dormeuse, si votre sommeil se dégrade au-delà de deux ou trois semaines, vous accumulerez de la fatigue, et humeur et moral se ligueront contre vous. Et plus vous serez crevée, moins vous pourrez faire face à la situation.

L'insomnie et ses conséquences peuvent ralentir votre progression vers un mieux-être. Il faut donc vous atteler à retrouver un sommeil à peu près paisible et ne pas laisser la situation s'installer.

« Qu'est-ce que j'ai pu tourner dans mon lit des nuits entières et interminables ! Au bout d'une semaine, je ne tenais plus debout et j'étais odieuse, fatiguée, déprimée, incapable de prendre des décisions. J'avais l'impression que mes neurones dormaient dans la journée et qu'ils attendaient que la nuit tombe pour faire la bamboula. Je devenais complètement folle. J'ai pris des somnifères qui ont très bien marché. Je m'y suis habituée, et puis je m'y suis sentie trop dépendante. Un soir, au moment de me coucher, je me suis rendu compte que j'avais oublié d'en racheter et que je n'en avais plus. Énorme stress. La nuit a été très, très longue... J'ai alors voulu me sevrer. J'ai mis en place un rituel de coucher avec petite douche tiède, jolies bougies parfumées sur ma table de nuit, musique très douce dans la chambre et bon bouquin en sirotant une tisane. L'endormissement a fini par revenir. Et lorsque je me réveillais dans la nuit (généralement entre 4 et 5 heures du matin), j'ai mis en place des exercices de respiration avec des pensées positives en bottant en touche tout sujet angoissant. J'ai mis du temps à récupérer mon sommeil d'avant, mais j'y suis arrivée.

Nathalie, 42 ans, 2 enfants

Si vous rêvez encore...

Ecrivez ici votre dernier rêve et essayez de l'analyser.

Ô, sommeil, grand manitou de notre bien-être

Votre corps possède un cycle naturel qui lui est propre, cycle que votre séparation et sa kyrielle d'idées noires et d'interrogations ont chamboulé. Le sommeil aime la sécurité, les habitudes et les horaires réguliers. Respectez-le et considérez qu'il fait partie de vos alliés vers le chemin de votre reconstruction.

Conseils pour mieux dormir

Avant de penser à un traitement médicamenteux, il y a quelques règles de bon sens à respecter pour vous aider à retrouver le sommeil.

- Privilégiez les activités de détente, calmes et agréables, qui favoriseront la baisse progressive de votre système d'éveil tout en mettant en route les systèmes du sommeil.
- Évitez de consommer des boissons stimulantes telles que sodas, café ou thé après 16 heures. De l'eau, de l'eau, de l'eau !
- Buvez un verre de vin maximum pendant le dîner. Plus vous mettrait un coup de massue derrière la tête qui vous plongerait immédiatement dans le sommeil, mais provoquerait sans aucun doute un sommeil agité et des réveils nocturnes.
- Préparez-vous une tisane à base de valériane, lavande, passiflore, camomille ou tilleul. Elles sont réputées pour lutter contre les problèmes de sommeil.
- Occupez vos journées et dépensez le plus d'énergie possible. Ne vous réfugiez pas dans le sommeil le jour, marchez, dépensez-vous dans des activités physiques et intellectuelles.
- Faites votre *to-do list* du lendemain. Cela vous évitera de toupiner autour de ce que vous avez à faire toute la nuit en ayant peur de l'oublier.
- Écrivez, dans un joli carnet que vous rangerez dans votre table de nuit, les petits bonheurs que vous avez vécus dans la journée. Mais si, cherchez bien, vous en avez vécus, même des tout petits petits.
- Vérifiez la qualité de votre matelas et de vos oreillers.
- Si votre chambre est bruyante, achetez des boules Quiès, ce n'est pas super-sexy, mais ce n'est pas votre priorité d'être sexy, là, tout de suite.
- Faites des exercices de cohérence cardiaque dans votre lit, lumière éteinte.

LIBERTÉ

*« Il n'est point de bonheur sans liberté,
ni de liberté sans courage. »*

Périclès

Une séparation libératrice

Se sentir vraiment libre correspond à avoir le droit d'être qui vous êtes vraiment, tout au fond de vos tripes, de retrouver votre nature essentielle. La bonne nouvelle est qu'une séparation est souvent libératrice de choix de vie mal vécus.

> *« Je suis directement passée de chez mes parents à une vie de couple, avec tout ce que ça comporte de bonheur, mais aussi de contraintes. Mon mari, qui est médecin, m'a demandé de quitter mon travail pour l'assister, ce que j'ai accepté sans réfléchir. Nous n'avons pas eu d'enfants, il n'en voulait pas. Nous ne partions pas au soleil, il n'aimait pas ça. Le jour où je me suis rendu compte que nos choix de vie étaient en fait ses propres choix, j'ai eu l'impression d'être sclérosée. Mon regard sur lui, et surtout sur moi, a changé au point que je me suis sentie presque libérée le jour où il m'a quittée. La route est longue pour savoir qui je suis vraiment et vers où je veux aller, mais j'y arrive, pas à pas. Pour la première fois de ma vie, je me sens libre de faire ce que je veux.*
>
> Inès, 39 ans

De cette rupture amoureuse et de ses blessures, vous allez trouver la nécessité et l'envie de plonger en vous-même et d'en faire ressortir vos propres choix, vos propres croyances, une attitude qui sera la vôtre et qui vous mènera vers votre propre liberté.

La liberté fait quand même un peu peur

La liberté. Ce mot magique fait rêver, mais il peut aussi faire peur quand on se retrouve seule et qu'on ne peut plus se cacher derrière les désirs de l'autre...

Oser dire ce que vous ressentez vraiment, vous avouer que vos désirs profonds ne correspondent pas à ce que l'on attend de vous, peut vous faire peur au point d'y renoncer.

Votre éducation (« Tu seras médecin, ma fille ! », « Tu épouseras un ingénieur ou rien ! », « Une femme en pantalon n'en est pas une ! », etc.), les pressions sociales, mais aussi vos propres angoisses et vos contraintes intérieures s'opposent à l'exercice de votre liberté intérieure. Sortir du conformisme des modes de pensée toutes faites est lourd à porter.

La liberté vous livre à l'infinité des possibles, et cela vous angoisse !

Se sentir libre pour être heureuse

Liberté ne veut pas dire indépendance. Vous pouvez être dépendante de quelqu'un et de vos contraintes de vie tout en vous sentant libre car en adéquation avec celle que vous êtes profondément. Et, inversement, ce n'est pas parce que vous êtes seule, sans enfants et avec un job de rêve que vous vous sentirez libre.

La vraie liberté consiste simplement à être capable de vivre l'expérience d'être soi-même, elle représente un état intérieur, une manière d'être bien et sereine à l'idée d'être « centrée » sur soi.

Une des idées principales ressortant des témoignages recueillis auprès de femmes ayant subi une séparation est que toutes ont fini, après les phases de déchirement et de douleur, par ressentir une joie profonde de se sentir libres de renouer avec elles-mêmes, de prendre en main leur destinée en retrouvant l'intégrité de leur personnalité.

Et selon vous, c'est quoi, être heureuse ? Avoir une plus grosse voiture ? Un énième sac à main ? Reproduire le schéma de vie de vos parents ? Je ne crois pas. Posez-vous la question de savoir si vous ne seriez pas pleinement heureuse en vivant la vie que *vous* voulez avoir, en atteignant vos objectifs profonds, en vous écoutant, tout simplement.

Action-réaction, sans précipitation !

- Soyez le plus naturellement possible à l'écoute de ce que vous ressentez en suivant votre intuition.
- Comprenez qu'être libre n'est pas une question de temps libre, mais bien de profondeur intérieure.
- Listez les petites phrases de votre enfance qui vous auront conditionnée à être telle ou telle personne pour faire plaisir à votre famille.
- Recentrez-vous sur vous, écoutez-vous, ayez confiance en vous, retrouvez votre estime de soi. S'aimer, c'est devenir libre.
- Libérez-vous du jugement des autres. Ne jouez pas à être celle que vous n'êtes pas. À bas les masques ! À bas le qu'en-dira-t-on !
- Acceptez de faire bouger les lignes de votre vie.
- Acceptez d'être la seule responsable de votre vie. Ne subissez plus ce qui vous arrive. En cas de pépin, acceptez la situation et mettez en place les solutions qui vous sont adaptées afin d'y faire face.
- Soyez cohérente avec vous-même et vos valeurs, cela donnera naissance à des actions positives.
- Ne vous mêlez pas de la vie des autres. Ne contrôlez pas la vie de vos proches, que vous ayez raison ou tort !

Listez les phrases qui vous ont conditionnée dès votre enfance.

C'est quoi être libre, pour vous ?

MANQUES

« Un seul être vous manque et tout est dépeuplé. »

Alphonse de Lamartine, *« L'isolement », Méditations poétiques.*

Le manque est plein d'ambiguïté

La sensation de manque est ambiguë : elle vous hurle tout ce dont vous avez besoin pour aller mieux. Tout cela est très normal : le manque matérialise la stabilité passée qui vous empêche de vous projeter dans un avenir dont vous ne voulez pas.

Passez au tri sélectif !

- Acceptez qu'il soit tout à fait légitime que vous soyez triste et en manque.
- Soyez cool avec vous-même. Traitez-vous comme vous aimeriez qu'on le fasse.
- Listez tout ce qui vous manque depuis son départ.
- Posez-vous *sincèrement* la question de savoir si tous les points notés vous manquent *vraiment*.
- Listez *tout* ce qui ne vous manque *pas* (allez, n'ayez pas peur !).
- N'oubliez pas que ce qui vous manque est ce que vous aimez (ou pas) et ce que vous connaissez. Alors, créez-vous de nouvelles habitudes bien à vous qui gommeront progressivement celles qui vous manquent tant aujourd'hui.
- Faites un point de temps en temps et notez où vous en êtes sur l'échelle du manque. Cela vous permettra de constater vos progrès.

Allez, on passe en mode sevrage

Manque de lui, de la routine, de son odeur, de ses bras, de sa voix, de vos projets, de vos dîners, de son humour et même de ses coups de gueule… Oui, cette rupture va vous astreindre à un travail de sevrage.

Ce qui n'est pas top dans cette histoire de manques, c'est que quand la distance s'impose, l'amour nous semble encore plus grand. En clair : le vide de l'absence nous le fait aimer plus fort.

Pas de panique, votre pote le *temps* va bien faire les choses et gommer tout ça. Mais pas là, pas tout de suite, il va falloir être patiente et mettre en place des stratagèmes pour être plus maligne que ce vide abyssal.

Trucs & astuces

- Retournez, seule ou avec des amis, dans chacun des endroits connus et aimés de votre couple. Vous les marquerez de votre empreinte. Même si cela vous semble être un effort insurmontable, c'est un mal nécessaire à votre reconstruction.
- Ne faites *rien* d'impulsif vis-à-vis de lui sous le coup du manque. SILENCE RADIO ! Pas de texto avec plus de 0,5 gramme d'alcool dans le sang, par exemple !
- Stop à la propagande des réseaux sociaux ! *Exit* Facebook et autre Instagram qui vous permettent de le fliquer et de lui faire passer des messages débiles de votre vie teeeellement géniale.
- Lorsque le manque vous tord les boyaux, lancez-vous dans une activité qui vous plaît, bossez, courez, appelez vos copines, préparez des crêpes, faites un coup de ménage, partez faire du lèche-vitrines, bref… ne ressassez pas, ça ne fait pas avancer le schmilblick.
- Allez une fois par an quelque part où vous n'êtes jamais allée (c'est le dalaï-lama qui le dit, alors…).
- Croyez en vous ! Croire en soi aide à guérir de la dépendance.

Votre vrai portrait

Dessinez votre autoportrait. Lâchez vous, vous n'aurez pas à le publier sur les réseaux sociaux ! Vous pouvez aussi coller LA photo de vous que vous aimez le plus au monde et où vous avez l'impression d'être vraiment vous-même, sans faire la pose.

MOI

« Je ne suis que celui-là qui veille sur moi. »
Louis Scutenaire, *Mes inscriptions II.*

Où que vous soyez, tenez-vous prête le lundi à 10 h 06 !

Un sondage mené auprès de mille femmes révèle que le jour de la semaine et l'heure où nous nous sentons les plus jolies, c'est le lundi à 10 h 06. Voilà. Ne me demandez pas pourquoi, c'est ainsi.

C'est donc entre 9 et 11 heures du matin, le lundi, que nous sommes le plus susceptibles d'échanger avec nos collègues, car nous nous sentons bien. 10 h 06 étant donc l'heure précise à laquelle nous nous sentons le mieux dans notre peau (quel kif de laisser derrière nous les lessives, les enfants, le ménage et la belle-mère pour retrouver notre nouveau stagiaire qui est décidément trop chou !). C'est donc le lundi matin que 31 % des femmes interrogées font le plus d'efforts pour être belles. Vient ensuite le vendredi, cité par 23 % des femmes, l'approche du week-end y étant pour beaucoup. Le samedi est quant à lui cité par 21 % des femmes, qui en profitent souvent pour caler leurs rendez-vous chez l'esthéticienne. Le dimanche vient après, jour où les femmes sont le plus détendues.

À l'inverse, le jeudi est un jour noir, surtout à 16 h 05, moment le plus critique de la semaine. Après quatre jours de travail dans les pattes, les femmes sont moins préoccupées par leur apparence. De plus, elles subissent plus de pressions professionnelles avec la fin de semaine qui arrive, ce qui joue sur leur moral, donc sur leur beauté.

Moi je dis : arrêtons de programmer les dîners le jeudi soir !

Sondage mené sur mille femmes par la clinique anglaise spécialisée dans les soins cosmétiques, Premier Laser Clinic.

N'insistez pas, vous n'êtes pas mon genre !!!

MYTHE DU PRINCE CHARMANT

« Le prince charmant existe.
C'est le père Noël qui me l'a dit. »
Anonyme

Un jour mon prince viendra

J'ai 12 ou 13 ans, impossible de m'endormir. Je scrute mon poster de David Hamilton sur le mur bleu de ma chambre et je pense à *lui*. Je pense à cet être unique qui va sans aucun doute combler ma vie de femme. Je le visualise très nettement. Il est brun, les yeux clairs (à choisir, je préférerais verts), il est grand (ma croissance précoce n'a pas prévu que je ferais moins qu'un bon mètre soixante-quinze, donc il faut qu'il soit grand !), son sourire est ravageur et surtout, surtout, il est drôle et tellement gentil. Il n'a ni cheval blanc ni armure, mais c'est tout comme. Je m'endors. Une petite poignée de décennies plus tard, c'est bon, je suis réveillée, bien réveillée même.

Désolée, mais vous n'êtes pas une princesse alanguie !

La vie et ma vision personnelle de l'Amour m'ont bien éloignée du mythe du prince charmant. Je n'ai pas l'âme d'une princesse alanguie ou enfermée dans un donjon. D'abord, je suis claustrophobe ! Et puis force est de constater qu'une relation bâtie sur un idéal n'est guère fructueuse, elle est même garante de frustration.

Néanmoins, quarante ans après la libération des mœurs et autant de féminisme, le mythe du prince charmant habite toujours la petite fille devenue femme. Divorces, célibat en hausse, rien n'y fait. La quête d'un autre, complémentaire, trouve ses racines au plus profond de nous.

Les multiples facettes qu'il revêt dans le fantasme des femmes ne sont jamais dues au hasard. À chacune d'élire le prince de ses rêves selon ses aspirations, désirs, mais aussi ses failles et incertitudes. Le rêve d'un partenaire totalement compatible avec soi survit à toutes les époques et à toutes les formes de technologie. Est-il

« classique », « branché », veut-il trois ou quatre enfants ? Sur les sites de rencontre, les femmes continuent à cocher des cases pour composer l'homme fait pour elles !

Un conte est symbolique, c'est pas la vraie vie. OK ?

Depuis les travaux de Bruno Bettelheim, nous savons que les contes participent à la construction psychique des enfants. Ces histoires symboliques présentent des archétypes universels, et ces derniers jouent un rôle déterminé permettant à l'enfant de se construire une représentation des forces qui l'animent.

Les contes et la mythologie nourrissent cette idée d'un partenaire adéquat, parfaitement « comblant », tel le prince de Blanche-Neige ou de Cendrillon qui, d'un simple baiser ou d'une tendre attention, redonne vie et dignité à la pauvresse en haillons ou à l'éternelle endormie. Difficile d'effacer de notre esprit ces schémas qui ont structuré et nourri notre imagination et bercé notre enfance. Ces images universelles sont indispensables à la construction psychique des enfants, elles leur donnent un cadre de référence rassurant. Ces derniers sont d'ailleurs étonnants ; plus les adultes cherchent à leur imposer des réalités, plus ils vont chercher de la magie ailleurs.

Le gros problème avec l'image du prince charmant est qu'il reste le seul but à atteindre, que l'on présente aux jeunes filles comme une réalisation de soi qui passerait par la rencontre avec l'autre. Cette quête sans fin masque certainement une grande angoisse. Plus la petite fille aura été jadis désignée comme décevante, plus elle cherchera à se rassurer dans les yeux de l'autre.

Ne pas oublier...

Rechercher sans cesse le prince charmant revient certainement à se condamner à ne jamais le trouver. En effet, la réalité fait barrage : aucune relation ne peut durer, puisque l'idéalisation du début ne peut se maintenir.

Dans les contes pour enfants, les princesses donnent un baiser au crapaud qui se transforme en prince charmant. Dans la vraie vie, les princesses embrassent un prince qui se transforme bien souvent en crapaud...

Certains hommes avec lesquels j'ai évoqué ce sujet qualifient le mythe du prince charmant d'arme de destruction massive du couple, une invention stupide dont le seul résultat est de dénier l'homme en en faisant un objet irréel, un Graal inatteignable. Trop de pression, trop de fantasmes enfouis, trop de déceptions annoncées.

Le fantasme de la relation idéale

La psychanalyse, notamment, reconnaît l'importance de la figure paternelle dans l'inconscient de la femme. Or, il existe une relation archaïque encore plus déterminante.

Le fantasme d'une relation idéale, qui se résumerait en «100 % de gratification, 0 % de conflit», fait penser aux premières étapes de la vie, lorsque le bébé idéalise comme un objet sans faille l'adulte qui s'occupe de lui. Résultat des courses: seul un homme parfait peut réparer la femme, la perfection de ce dernier garantissant la sienne. Il s'agit là d'une sorte de retour à la béatitude fusionnelle de la petite enfance: vous trouvez tout en l'autre, qui trouve tout en vous. Le bénéfice narcissique est mutuel. L'état amoureux fait que vous donnez de vous l'image qui correspond le mieux aux attentes de l'autre et permet, au besoin, d'éliminer de la représentation de l'être aimé tout ce qui pourrait déplaire. Chacun renvoie à l'autre une image idéale de lui. Cet état ne peut durer qu'un temps. Il faut accepter de sortir de l'illusion amoureuse du début, accepter de voir et de laisser voir vos imperfections pour que la relation s'inscrive dans le réel et dans la durée.

Mais d'où vient le prince charmant?

Le fait que les femmes rêvent de rencontrer l'homme idéal, leur âme sœur, leur moitié, que sais-je encore!, n'est pas nouveau. C'est même une idée ancestrale!

Le prince charmant vient d'Inde, avec le dieu Rama, héros de la Ramayama, source de nombreux contes, ceux de Perrault – bien que l'on n'y retrouve pas le qualificatif « charmant » –, des frères Grimm ou encore de madame d'Aulnoy. Cette dernière donnant au héros de *La Belle aux cheveux d'or* le nom d'Avenant et à celui de *L'Oiseau bleu* le nom de Roi charmant. On y est presque donc. Et puis Walt Disney est arrivé avec *Cendrillon*, dans lequel notre héroïne rencontre son prince charmant. Depuis, le nom s'est popularisé et a été généralisé à tous les princes, y compris à celui que l'on rêve toutes d'embrasser.

NOSTALGIE

« La nostalgie, c'est le désir d'on ne sait quoi. »
Antoine de Saint-Exupéry, *Terre des Hommes*.

Nostalgie, quand tu nous tiens

Allez, on s'écoute une bonne musique à tirer les larmes, celle que l'on trouvait si romantique à deux, on ouvre l'album photo de notre premier week-end en amoureux et la bouffée de nostalgie s'immisce dans chacun de nos pores. Voilà, ça, c'est fait. On pleure tout notre saoul, on se roule dans notre malheur, on s'enveloppe dans notre manque, on glorifie notre peine.

« J'ai rencontré le père de mes enfants en terminale. Notre construction s'est faite ensemble, mariages des copains, fêtes à gogo, premiers boulots, premier appart, premier enfant. Et puis il m'a quittée pour vivre « autre chose ». Il m'a fallu des années pour m'en sortir. Je ne pensais qu'à lui et ne vivais que dans le passé en me remémorant les années que nous avions passées ensemble. Je le gratifiais même de qualités qu'il n'avait jamais eues. Je me suis fait aider par un psy afin de parler de cet homme qui m'obsédait et de comprendre pourquoi je ne voulais pas lâcher. Un jour, je suis tombée sur lui par hasard et nous avons bu un café tous les deux. Je l'ai trouvé vieilli, bedonnant, se tenant mal ; même sa voix m'a gênée. Le revoir m'a permis de couper avec cette nostalgie que j'avais en moi. J'ai compris que j'avais magnifié cet homme et que ce que je pleurais depuis toutes ces années était ma jeunesse et mon insouciance.

Brigitte, 38 ans, 1 enfant

Heureux qui comme Ulysse...

La souffrance liée à la nostalgie a parfois des attraits, Ulysse nous l'a prouvé en prenant plaisir à errer et à retarder son retour, tout en pleurant en pensant à Pénélope. Vous pouvez être tentée de faire votre Ulysse en vous abandonnant à ce sentiment qui enveloppe et enjolive votre présent de la perception de votre vie passée. Mais Ulysse savait très bien qu'en rentrant au bercail, il avait de fortes chances d'être déçu, le pépère. Vous, c'est pareil, vous magnifiez le passé, c'est normal, ça rassure, mais ce n'est pas *que* vrai.

Le temps d'avant était le temps d'avant

La nostalgie trouve sa source dans l'irréversibilité du temps. Mauvaise nouvelle, même si vous le voulez très, très, très fort, vous ne pourrez pas remonter le cours du temps. C'est votre impuissance devant ce constat qui vous fait ressentir toute l'amertume de votre nostalgie.

Emmanuel Kant (un copain intelligent) relève l'aspect trompeur de la croyance que tout était mieux avant. Votre avant était-il vraiment exempt de toute contrainte ? Étiez-vous vraiment si insouciante ? Votre vie était-elle tellement rose et joyeuse ? Certainement pas, pas toujours en tout cas. La nostalgie que vous ressentez n'est pas le simple regret d'avoir été ceci ou cela, mais bien le regret d'avoir été une personne que vous ne serez plus jamais.

La nostalgie, ça se positive !

Au XVIIe siècle, la nostalgie était considérée comme une maladie cérébrale. Grâce à différents chercheurs en psychologie qui s'attachent aujourd'hui à en montrer les aspects positifs, cet état d'âme est réhabilité. Ouf !

Même si la nostalgie surgit à un moment où vous ressentez une émotion négative (sentiment d'isolement, de manque, de peur, par exemple), elle s'appuie sur des expériences passées le plus souvent heureuses et vient donc booster votre estime de soi. Elle va même jusqu'à promouvoir l'idée que votre vie est pleine de sens.

Dans le parcours de résilience que vous vivez, la nostalgie va vous permettre de rajuster votre sentiment d'identité. Vous avez vécu votre passé, c'est un fait. Cette personne capable de ressentir de la joie, d'éprouver des sentiments d'amour et d'amitié existe toujours, même si elle est un peu sonnée aujourd'hui. Rester connectée avec ces sentiments passés doit vous rassurer sur le fait que vous pouvez les revivre. Vous référer au passé est un moyen de vous positionner dans le présent et, ô bonne nouvelle, de vous projeter dans l'avenir.

To-do list

- Listez ce que vous regrettez dans le passé et que vous ne pourrez plus jamais revivre.
- Listez ce que vous vivez de positif dans le présent et que vous ne pouviez pas vivre dans le passé.
- Libérez-vous de l'image idyllique que vous gardez de votre passé. Partez sur des bases saines.
- Listez vos peurs, même les plus futiles. Cela vous permettra d'avoir une vision plus claire et moins angoissante de l'avenir.
- Vivez en pleine conscience dans le présent. Même s'il n'est pas ce que vous souhaitiez.
- Sentez-vous physiquement dans votre vie : faites du sport, pratiquez de la relaxation, éveillez vos sens...

À remplir avec sincérité

Bons moments avec mon ex	*Mauvais moments avec mon ex*
Bons moments sans mon ex	*Mauvais moments sans mon ex*

Entrée/plat/dessert !
J'ai perdu mon mec, mais j'ai gagné du temps en ciusine

NOURRITURE

« Les rires éclatent mieux lorsque la nourriture est bonne. »

Proverbe irlandais

Vous, vos émotions et la nourriture...

Vaste programme ! Le rapport que vous avez à la nourriture n'est certainement plus le même qu'avant votre rupture. Les troubles du comportement alimentaires sont l'expression de votre mal-être et le symptôme de votre souffrance.

Vous allez maigrir ou grossir, mais il est peu probable que votre moral en berne n'ait pas de répercussions sur vos kilos.

Satanés kilos !

Ne me remerciez pas, j'ai une super-bonne nouvelle ! La rupture amoureuse est pour 47 % d'entre vous le plus efficace des régimes existants ! Chouette, non ? Simple, efficace, expéditif, sans appel.

Selon une étude britannique relayée par le *Daily Mail*, la séparation est suivie de très près par une perte d'une ou deux tailles de jean. Une *absence totale* de l'envie de manger, mais aussi, pour bon nombre d'entre vous, une soudaine envie de vous remettre au sport pour être au max de votre potentiel séduction, peuvent expliquer cette perte de poids fréquente. Même la magnifique Eva Longoria a confié avoir perdu 6 kg et s'être jetée à corps perdu dans le sport après sa séparation d'avec son basketteur de mari.

Manque d'appétit, flemme de faire la cuisine, pas envie de se traîner faire les courses, ras-le-bol général, fatigue latente... Rien ne va vous pousser à vous jeter en cuisine pour mitonner un gigot de sept heures.

(Juste pour info, les hommes ont quant à eux majoritairement tendance à grossir après une séparation. Bien fait !)

Mangez en bonne intelligence

Néanmoins, attention ! Sans nourriture, vous n'aurez pas d'énergie. Et sans énergie, vous ne serez pas en mesure d'agir en bonne intelligence. Donc, grignoter, manger des bonbecs, sauter des repas, soit, mais il ne faut pas faire durer ce régime de postado trop longtemps. Votre corps et votre esprit pourraient en garder des séquelles.

Conseils pour que votre assiette ne devienne pas votre pire ennemie

- Mangez à heures régulières. Les troubles de l'alimentation sont autant dus aux aliments eux-mêmes qu'à la manière de manger. Halte aux grignotages !
- Si vous n'arrivez pas à manger des aliments solides, il vous sera peut-être plus facile d'ingurgiter du liquide. Une bonne centrifugeuse sauvera une partie de vos repas. Et n'oubliez pas de boire un maximum d'eau !
- Réduisez autant que possible l'alcool. Un verre de temps en temps, c'est super, mais attention à ne pas tomber dans une consommation compulsive qui vous couperait l'appétit.
- Faites-vous des petits plaisirs gustatifs dès que vous le pouvez.
- N'oubliez pas que manger du sucre vous mettra de bonne humeur très momentanément, mais vous rendra dépendante.
- Demandez à votre médecin de vous prescrire des compléments alimentaires qui pallieront ce désordre alimentaire.
- Mangez des noix de cajou, des pistaches, des amandes… crues et non salées. Une bonne poignée par jour vous apportera une grande variété de minéraux et de vitamines.
- Croquez dans quelques fruits et légumes tous les jours (et n'oubliez pas que les carottes rendent aimables et font les fesses roses). Les agrumes regorgent de vitamine C et régulent le taux d'insuline.
- Ne négligez pas les sources d'oméga-3 que vous trouverez dans les poissons gras (thon, saumon, hareng, anchois) et les huiles végétales. Cet acide gras essentiel que votre corps ne fabrique pas tout seul active la sécrétion de mélatonine, l'hormone régulatrice du sommeil et des rythmes chrono-biologiques.
- Autorisez-vous trois carrés de chocolat noir (moins sucré que les autres) par jour. Cela provoquera une sécrétion accrue de sérotonine, neurotransmetteur aux vertus apaisantes.

À l'inverse, vous êtes peut-être comme certaines femmes qui compensent le manque d'affection par des soirées la tête dans le frigo. Cela permet de se sentir moins vide à l'intérieur. Mais en même temps que les kilos s'accumulent, la culpabilité et le dégoût de soi apparaissent. *Pas bon non plus !*

Trop ou pas assez, vous subirez sans doute pendant plusieurs semaines un chamboulement dans votre assiette. Sans vous en inquiéter plus que de raison, soyez vigilante et n'hésitez pas à en parler à votre médecin généraliste ou à votre thérapeute.

Quelques recettes-doudous

Il est plus facile de cuisiner quand on sait que l'on va partager le plat avec sa moitié. L'échange qui accompagne le repas est facteur de bien-être et la nourriture devient alors également une nourriture émotionnelle.

En attendant, vous êtes seule face à votre frigo et il n'est pas question de vous blesser en ouvrant une boîte de cassoulet tristounet. Voici mes recettes hyper-réconfortantes, et hyperfaciles pour les soirs de baisse de régime, avec des ingrédients tout simples, pour ne pas oublier de bien vous alimenter !

Soupe Doudou

Ingrédients :

- 5 courgettes
- 2 pommes de terre
- 1 bouillon cube
- 200 grammes de fromage frais
- huile d'olive
- sel
- poivre

Faites revenir dans de l'huile d'olive à feu doux les courgettes lavées et coupées en grosses rondelles.

Recouvrez d'eau.

Ajoutez les pommes de terre lavées, pelées et coupées en cubes, un bouillon cube.

Recouvrez et laissez cuire une demi-heure.

Ajoutez le fromage frais de votre choix.

Mixez le tout. Salez et poivrez selon votre goût.

À manger chaud ou froid.

Poulet au lait de coco

Ingrédients :
- 500 g de blanc de poulet
- 250 g d'oignons
- 2 pommes
- 200 ml de lait de coco
- huile
- sel
- poivre

Coupez les blancs de poulet en lamelles.

Pelez et émincez finement les oignons.

Pelez les pommes et émincez-les.

Mettez l'huile et les oignons dans une sauteuse. Ajoutez les blancs de poulet et les pommes émincées.

Faites saisir puis faites cuire doucement.

Ajoutez le lait de coco, le sel et le poivre.

Passez au mixeur le lait de coco, les oignons et les pommes.

Réintégrez le poulet.

À servir chaud avec du riz ou des pâtes.

Pâtes de Juliette

Ingrédients :
- 1 paquet de pâtes
- 1 grosse aubergine
- 2 courgettes
- 1 botte de basilic
- Olives noires dénoyautées
- Quelques tomates séchées
- huile d'olive
- sel
- poivre

Faites cuire les pâtes dans de l'eau salée.

Faites revenir dans de l'huile d'olive les aubergines et courgettes préalablement épluchées et coupées en dés.

Une fois cuites, mélangez-les aux pâtes, salez et poivrez.

Ajoutez des feuilles de basilic coupées ainsi que les olives noires et les tomates séchées.

Ajoutez un filet d'huile d'olive.

Servez bien chaud.

Les lentilles en fête

Ingrédients :

- 200 g de lentilles vertes du Puy
- 75 g de poitrine fumée
- 1 oignon
- 2 carottes
- 1 c. à s. d'huile d'olive
- sel, poivre

Coupez la poitrine fumée en tranches fines. Épluchez et émincez finement l'oignon. Épluchez et coupez les carottes en rondelles.

Mettez les lentilles, les tranches de poitrine fumée et les rondelles de carottes dans une grande cocotte, couvrez d'eau et portez à ébullition. Puis baissez le feu et faites cuire doucement pendant 30 minutes.

Pendant ce temps, faites chauffer une cuillerée à soupe d'huile dans une poêle et faites-y frire l'oignon émincé. Quand il est bien coloré, retirez du feu.

Égouttez le contenu de la cocotte et versez le tout dans un saladier. Mélangez bien.

Ajoutez une vinaigrette bien moutardée, et dégustez ce plat tiède ou froid.

Le moelleux au chocolat de Paul Chat

Ingrédients :

- 200 g de chocolat noir
- 200 g de beurre
- 5 œufs
- 250 g de sucre
- 1 c. à s. de farine

Faites fondre le chocolat noir avec le beurre.

Faites refroidir le mélange. Préchauffez votre four à 180 degrés.

Ajoutez les œufs entiers.

Incorporez le sucre et la farine, mélangez le tout.

Beurrez et farinez un moule rond de 20 à 30 cm de diamètre et versez-y la préparation.

Enfournez entre 20 à 30 minutes.

Oui, j'ai réussi à lui pardonner. Mais seulement après avoir explosé le pare-brise de son coupé au club de golf... Et fait pipi dans son single malt.
J'en suis pas fière hein !
Mais ça soulage !

PARDONNER

« On peut pardonner,
mais oublier, c'est impossible. »
Honoré de Balzac

Hein ? Quoi ? Pardonner ? JAMAIS !

OK, OK, je vous entends d'ici ! Pardonner à ce goujat mal élevé, menteur, voleur de vie ?! Plutôt vous jeter la tête la première sur un cactus.

Vous quitter a été un acte impardonnable, nier votre souffrance une douleur supplémentaire. Il s'est mal comporté, il vous a menti, il vous a trahie, il vous a lâché la main alors que vous ne doutiez pas de lui.

Tout ça est entendu, mais pardonner n'est pas *nier* le mal qui vous a été fait. La démarche du pardon est l'une des clefs de *votre* guérison intérieure, elle est vitale pour votre reconstruction.

La haine et le ressentiment vous ont aidée à survivre jusqu'à maintenant, cependant, sachez qu'à long terme, ils vous détruiront. Comprendre les motivations de votre ex ne vise aucunement à l'excuser, mais à reconnaître ses faiblesses.

Renoncez à la vengeance

Que celle d'entre vous qui n'a pas pensé un jour lui crever ses pneus ou lui faire casser les rotules par la mafia calabraise lève la main.

C'est pas bien et faut pas le faire. La tentation de vengeance est un frein qui empêche d'aller de l'avant. Maintenir la guerre par la bonne vieille méthode « œil pour œil, dent pour dent » ne résout rien.

L'esprit de vengeance vous garde tournée vers le passé en vous empoisonnant, vous avilissant, vous abaissant. Finalement, vous extrapolez des stratagèmes pour le faire souffrir et le seul résultat est que vous perdez l'estime de vous-même en vous pompant une énergie folle. Opération nulle !

C'est pourquoi même si vous ne vous sentez pas encore capable de lui pardonner, vous devez effacer de votre esprit toute velléité de vengeance.

Pardonner n'est pas oublier

Il est fort probable que vous n'oublierez jamais cette rupture et l'onde de choc qu'elle a provoquée. Mais le temps apaisera la douleur qu'elle a fait naître.

La raison pourra alors reprendre sa place au côté des émotions ; un jour, vous serez capable de porter un regard plus réaliste sur sa décision de vous quitter et de considérer votre ex comme un être humain avec ses forces et ses faiblesses et non plus comme un simple monstre plein de poils.

Pardonner vous libérera d'un passé au goût amer dont vous ne voulez plus car il vous empêche d'avancer, ce sera un acte libérateur dans lequel votre douleur se dissoudra. Cela vous permettra de redevenir actrice de votre vie en devenant plus forte.

> “ *Quand j'ai appris que mon mari était parti pour une autre femme, mon sang n'a fait qu'un tour. Je n'avais qu'une obsession, savoir qui !*
>
> *Lorsque j'ai enfin découvert qui elle était, nous sommes parties avec ma meilleure amie taguer intégralement sa maison et sa voiture. Ça m'a tellement soulagée et fait rire sur le moment ! Et puis finalement, avec le temps, je me suis rendu compte que je m'en voulais de m'être rabaissée à me comporter comme une ado furibonde. Je ne pensais qu'à ça et l'image de moi que j'essayais de reconstruire en a pris un coup. J'avais honte. Cela m'a fait réfléchir à ce qui était important pour que je fasse le deuil tout en me regardant fièrement dans la glace. Je n'en suis toujours pas au pardon après dix-huit mois, mais je commence à en avoir envie. Pas pour le dédouaner, mais pour mon bien-être.*
>
> Mélanie, 42 ans, 1 enfant

Pardonner pour vous libérer

Arrivera un jour où vous vous demanderez ce que vous avez à retirer de positif de tous ces chamboulements. Et vous en trouverez, des raisons qui gratifieront la personne que vous êtes en passe de devenir. Alors vous serez en mesure de lui pardonner. Vous lui pardonnerez pour *vous*.

Attention, encore une fois, le temps joue un rôle important. Un pardon accordé trop vite ne vous soulagera pas. Vous éprouveriez du ressentiment à mettre la charrue avant les bœufs. Attendez que le pardon s'impose tout en restant active dans le processus.

Le sentiment de haine envers votre ex qui vous a fait passer des nuits blanches et des jours sombres est totalement humain. Cependant, réfléchissez à la quantité démesurée d'énergie que vous dépensez à le détester et à le critiquer. Vous analysez tous ses faits et gestes, vous décortiquez sans aucune objectivité sa vie et ses choix de vie qui vous échappent, avec pour seul objectif de vous conforter dans le fait que cet homme est devenu haïssable.

La belle affaire ! Votre haine est le miroir de son désamour. En fait, au fond de vous, vous l'aimez certainement encore un peu. Libérez-vous de ce sentiment de haine qui vous pourrit la vie et dont lui se moque éperdument. Vous perdez votre temps et êtes votre seule victime.

Le pardon au centre des thérapies

Il s'agit de travailler quotidiennement et avec pragmatisme pour apaiser tous les sentiments de rancune, haine, culpabilité qui vous empoisonnent la vie et vous empêchent d'avancer sereinement vers un avenir qui vous appartient.

Pardonner n'est ni excuser ni valider ce que vous avez subi. Mais bien l'aboutissement d'un travail de remise en question de soi et de l'autre qui vous autorisera à continuer votre vie.

PEURS

« J'ai appris que le courage n'est pas l'absence de peur, mais la capacité à la vaincre. »

Nelson Mandela, *Un long chemin vers la liberté.*

La peur n'enlève pas le danger !

La peur, cette émotion archaïque que vous connaissez depuis votre plus tendre enfance, prend aujourd'hui une forme nouvelle.

Votre nouvelle vie vous demande de vous adapter en permanence et de bouger les lignes bien tracées de votre vie en couple. C'est parfois inconfortable, souvent même, et ça fait émerger ce sentiment si désagréable, la peur.

Rassurez-vous : il n'est pas de peur que l'on ne puisse surmonter. Mais encore faut-il vous résoudre à vous attaquer à la source de vos frayeurs.

Mieux vous les reconnaîtrez et accueillerez, plus vous serez en accord avec vous-même et en mesure de prendre les bonnes décisions pour y faire face. Les maîtriser vous permettra d'avancer vers la personne que vous êtes vraiment en vous obligeant à sortir de votre zone de confort.

Enfin, ne restez pas seule à ressasser vos peurs, parlez-en à vos proches, ainsi vous serez aidée pour trouver des solutions afin de poursuivre votre chemin plus sereinement.

Peur de la solitude

On est bien d'accord, vous ne *vouliez* pas vous retrouver seule comme une vieille chaussette, vous détestez être seule, et la simple idée de l'être vous tord les boyaux.

Pourtant, il va falloir que vous envisagiez la solitude différemment, que vous l'apprivoisiez, la considériez comme une alliée.

Vivez dans le moment présent sans vous projeter vers un avenir inconnu et vertigineux. OK, le grand manitou n'est plus là, mais vous n'êtes certainement pas *vraiment* seule.

Peur d'être nulle

Vous vous persuadez que s'il est parti, c'est parce que vous ne valez pas un clou. Son regard approbateur n'est plus là pour vous apaiser, son amour si rassurant s'est fait la malle, emmenant la caution de qui vous êtes. Vous avez le sentiment de ne plus exister.

Allez chercher auprès de votre cercle familier le réconfort qui vous redonnera confiance en vous. Et demandez-vous sincèrement pourquoi il vous a quittée ; vous verrez, il est probable que le nul des deux n'est pas celui que vous croyez.

Peur de manquer d'argent

La séparation est un sport de luxe ! Soyons réalistes, elle entraîne des conséquences matérielles et financières défavorables pour tout le monde, mais essentiellement pour les femmes, chez qui une baisse de 30 % du niveau de vie est généralement constatée. Et ça, ça fait vraiment peur.

Pour mieux envisager l'avenir, il faut que vous analysiez avec objectivité et sans panique votre situation financière. Calculez votre budget en tenant compte des nouveaux paramètres. Assainissez la situation afin que, même si votre niveau de vie en prend un coup, vous repreniez les rênes de la bourse.

Peur du changement

Du changement, il va y en avoir ! Vous le percevez aujourd'hui comme une montagne à gravir, et c'est normal, mais sachez que ça ne va pas durer. Il va falloir faire preuve d'un grand sens d'adaptation, de souplesse et de calme.

OK, vous allez peut-être devoir déménager, grosse galère en perspective. Mais croyez-moi, quel kif une fois que ça sera fait !

Pour surmonter cette peur, acceptez l'incertitude de votre nouvel avenir. Et il est inutile de lutter contre, ça ne servirait à rien.

Et puis le changement peut être source de bonnes nouvelles !

À remplir avec sincérité

Ce qui me fait peur aujourd'hui	*Ce que je peux faire pour apprivoiser mes peurs*

Peur du regard des autres

La pression sociale prônant la réussite à tout prix est présente dans nos vies. Mais rater son couple ne signifie pas rater sa vie !

Votre statut à l'égard de votre entourage n'est plus le même, certes, mais ça ne veut pas dire qu'il est moins bien, il est juste différent.

Vous n'avez aucune raison d'avoir honte ni de vous sentir victime face aux regards entendus de votre entourage. S'ils vous mettent parfois mal à l'aise, dites-le, expliquez ce que vous ressentez et ne gardez pas en vous l'appréhension du jugement extérieur.

Peur de finir vieille fille

Bien sûr que vous y pensez ! Même si je vous entends d'ici vociférer en jurant vos grands dieux que plus jamais de votre vie vous ne retomberez amoureuse et que l'on ne vous reprendra plus à tout donner à un homme qui d'un revers de main vous a mise à plat.

Au fond de vous, vous avez une trouille bleue de ne plus retrouver d'amoureux. Vous avez la pétoche de ne plus jamais être aimée et de ne plus jamais partager votre amour.

Laissez-vous le temps de vous relever, sachez définir qui vous êtes, ce que vous voulez et ce que vous ne voulez plus dans une future relation amoureuse. Imaginez d'autres schémas. Il est probable que vous trouverez sur votre route un homme avec qui vous aurez tout simplement envie de construire un nouvel avenir amoureux. Différent, mais plein et entier.

> « *Quel boulot ça a été pour moi de transcender mes peurs ! Quand le père de mes enfants est parti, je me suis sentie totalement en panique. J'avais peur de tout ! L'avenir me semblait bouché et parsemé de pièges, d'embûches et de points d'interrogation. Le premier week-end sans lui, mon chauffe-eau s'est déversé dans ma cuisine ; je ne sais pas comment j'ai fait, mais j'ai réussi à tout gérer comme une grande. Puis il a fallu que je me trouve un nouvel appartement et j'ai déployé une énergie folle à nous trouver un nid douillet. J'avais peur de ne plus être invitée dans les dîners par nos amis, aussi j'ai pris les devants en organisant des repas sympas à la maison, ça m'a permis d'être dans une spirale positive.*
>
> *Au bout du compte, mes peurs m'ont certainement aidée à avancer dans le bon sens. Je suis fière d'avoir réussi à les accepter et à mettre en face de chacune LA solution pour me sentir mieux.*
>
> **Valérie, 32 ans, 2 enfants**

PREMIÈRES FOIS

« On a deux vies. Et la seconde commence quand on se rend compte qu'on n'en a qu'une. »

Confucius

Premier dîner

Il est parti depuis trois semaines.

Première sortie nocturne, timidement, les pieds en dedans.

Il fait froid, il fait (très) nuit. Je n'ai pas envie, mais vraiment pas envie du tout. Mais je me force, consciente que ma survie passera aussi par l'extérieur de mon nid.

Comme un fait exprès, mon amie invitante m'a communiqué une mauvaise adresse. Méga stress ! Je me retrouve comme une mouche dans un verre glacé, paniquée, perdue, et je réalise que cette sensation si désagréable est de la peur. Oui, c'est ça, j'ai peur toute seule dans cette rue, j'ai peur de m'effondrer, j'ai peur de m'ennuyer, j'ai peur de ne pas réussir à exister en tant que personne seule, j'ai peur du regard des autres, j'ai peur du sentiment de solitude que je ne vais pas manquer de ressentir en rentrant à la maison... C'est extrêmement inconfortable, d'avoir peur... Viendra le temps où je réaliserai qu'avoir peur fait avancer, mais je n'y suis pas encore...

Et puis cette petite phrase lâchée par l'une des invitées : « Tu n'es pas venue avec ton mec ? – Eh bien non, je ne suis pas venue avec mon mec. C'est plutôt *lui* qui n'est pas venu avec moi, si tu veux tout savoir. »

Regards gênés de certains, larmes incontrôlables qui me submergent, finalement c'est bon d'être entourée de mes semblables et de lâcher prise.

Ce dîner a été le premier d'une longue, très longue série. Se retrouver autour d'un repas n'est pas insignifiant ; le repas n'est pas uniquement l'action de s'alimenter, c'est aussi l'occasion de se retrouver en famille ou entre amis, d'échanger, de partager.

Conseils pour réussir un premier dîner chez soi

Inconcevable de recevoir de nouveau chez vous, seule ? Taratata ! Vous allez voir que non seulement vous allez y prendre du plaisir, mais que cela va remplir votre *home sweet home* de nouveaux souvenirs, de nouveaux éclats de rire, et vous allez en retirer des satisfactions toutes neuves, très personnelles et tout à fait gratifiantes.

La liste des invités

- Entourez-vous pour cette première de personnes bienveillantes dont vous savez qu'elles ne vous mettront pas en danger.
- Mélangez amis intimes et copains plus éloignés, cela permettra de brasser les sujets de conversation et de ne pas parler que de *ça*. Vous êtes tous là pour connecter autour d'un bon moment, une parenthèse gustative et festive.
- Mixez équitablement les hommes et les femmes, il ne s'agit pas d'un de ces fameux dîners de copines (très utiles par ailleurs), mais bien d'un dîner comme-si-on-était-encore-en-couple, où il sera agréable d'être gratifiée par le mari de votre copine Hortense d'un « C'est sympa de te voir en robe ! » Ça n'engage à rien, ça ne mange pas de pain, mais ça fait du bien.

Le menu

Recevoir seule, c'est du boulot ! Alors, facilitez-vous la tâche.

- Préparez (presque) tout à l'avance.
- Faites en sorte d'être disponible pour profiter de votre soirée et de vos amis. Il s'agit de leur faire plaisir, mais avant tout de vo*us* faire du bien. Ne cavalez pas dans tous les sens, soyez disponible pour la discussion, la détente.
- Choisissez un repas dont vous savez qu'il vous apportera des compliments. Ce n'est pas le moment de vous lancer dans un soufflé au fromage ni dans une recette compliquée (vous savez, de celles qui ont un max de fourchettes en marge des explications). C'est toujours bien d'être complimentée pour ça aussi !

La déco

- Faites une jolie table, aussi belle, joyeuse et... différente que possible.
- Achetez quelques accessoires qui marqueront ce dîner comme *votre* premier dîner. N'essayez pas de reproduire ce que vous avez fait pendant vos années de vie commune. Changez, innovez, inventez, surprenez, appropriez-vous ce moment !
- N'oubliez pas de préparer des vases, à coup sûr, vous en aurez besoin !

Il est important de redonner un contour joyeux à l'alimentation. Cela vous permet de reconnecter avec des émotions positives entourant les repas. Le plaisir de manger entretient l'envie de continuer à vivre.

Il est important de se « faciliter la vie » lors de ces premières sorties en solo. Habitant Paris, mon angoisse était de sortir en voiture et de ne pas trouver où me garer. Une fois le sujet angoissant isolé, j'ai mis en place une organisation très simple : je pars en transport en commun et je me fais raccompagner (au pire, je prends un taxi).

Premier rendez-vous amoureux

Obéissant aux conseils unanimes et insistants de mes amis (« Il *faut* que tu sortes avec Gaston, tu vois bien que tu lui plais ! ») et *un peu* réparée, badiner, marivauder, charmer, séduire, enjôler fut un exercice qui ne me parut somme toute pas très naturel. Je pensais que l'art de la séduction, comme le vélo, ne s'oubliait pas… Mais ça, c'était avant ! Comment se laisser aller au flirt et à ses rituels immémoriaux sans ricaner de l'intérieur ni avoir le sentiment d'être la nouvelle Bridget Jones, sachant que la suite logique serait, à terme, beaucoup plus gênante ?

En fait vous ne risquez pas grand chose !

Mon premier vrai dîner avec un « étranger » – entendez pas un vieux copain décidé à dragouiller – a eu lieu longtemps après ma séparation. J'ignorais tout de ce garçon, tout sauf ce que la copine entremetteuse a bien voulu m'en dire.

Je me suis fait belle en optant pour un style cool-je-me-sens-hyper-bien-dans-ma-vie-et-dans-ma-peau-de-femme. Ongles nickel, yeux de biche mais pas trop, cheveux brillants, sourire assuré, liste des sujets à aborder en tête. Je me suis appliquée à arriver dix minutes en retard après m'être entraînée à marcher d'un pas chaloupé à la maison. Bref. Je m'assieds. Soulagée, prête à entamer la conversation. Et puis rien. Son regard si gentil, un livre offert en guise de « bienvenue-dans-mon-univers » pour me faire rire, parce qu'il a déjà compris que j'aime ça, rire. Je garde de ce dîner un souvenir très doux, très apaisé, très prometteur. Prometteur d'une rencontre vraie, pas nécessairement amoureuse, mais vraie.

Avant d'aller à un rendez-vous galant

- Vous ne vous rendez pas à un entretien d'embauche, mais à un rendez-vous amoureux. Il ne s'agit pas de convaincre, mais de séduire.
- Laissez parler l'autre, questionnez-le, intéressez-vous à lui.
- N'oubliez pas que la personne que vous aurez en face de vous peut partager vos appréhensions.
- Se laisser courtiser par une personne qui n'est pas la bonne met du baume au cœur. Un peu de légèreté, moins d'attente, c'est le secret.
- Soyez vous-même, montrez le positif de votre personnalité sans mentir sur qui vous êtes.
- Une relation amoureuse se construit petit à petit. Ne soyez pas pressée, laissez le temps faire les choses et ne brûlez pas les étapes.
  Le moment où on vous fait la cour est certainement l'une des phases les plus agréables de découvertes mutuelles. Profitez-en !

Qui paie l'addition ?

En France, 85 % des hommes paient lors d'un premier dîner au restaurant, 14 % partagent et 1 % se laissent inviter.

Dans le cas présent, quand l'addition arrive sur la table, il y aura eu au mieux quelques effleurements, et chacun peut décider de la suite à donner à ce premier tête-à-tête.

Cependant, un geste inapproprié en fin de dîner peut provoquer un naufrage et changer le cours de cette histoire.

Les avis sont assez partagés, même si les pratiques ne le sont finalement que très peu.

D'aucuns penseront que l'élégance impose aux hommes de payer. Tandis que d'autres pensent que les femmes continuent à être vues comme des objets à posséder, à acheter. Selon le psychiatre et thérapeute de couple J.-A. Malarewicz, « l'homme qui se dit prêt à abandonner son pouvoir d'homme sur l'argent demande à la femme d'abandonner son pouvoir de femme sur sa sexualité ». Peu de femmes l'entendent de cette oreille et pensent que de plus en plus d'hommes prennent le prétexte du féminisme pour justifier leur radinerie. D'un autre côté, une femme qui invite l'homme lors de ce premier rendez-vous est souvent perçue par l'homme comme trop désirante, et ça fait peur.

Pour ma part, je pense qu'il est normal pour un homme de payer lors de ce premier rendez-vous ; il doit me séduire, se montrer généreux et léger. Charge à moi de l'inviter par la suite, de prendre l'initiative du choix du restaurant et de régler la note en allant me repoudrer le bout du nez.

Kiffez votre statut de femme libre !

Le nouveau statut de femme « libre » est déstabilisant, car il nous laisse justement toutes les libertés. Et ça fait peur ! Demeurez légère et n'attendez rien d'autre que d'avoir la possibilité de faire de belles rencontres. Pour le reste, la vie est longue et, franchement, est-ce que vous êtes prête, là, tout de suite, à redémarrer une histoire sérieuse, avec son lot de bonheur, mais aussi de contraintes ? Ma réponse (mûrie et sereine) est *non*. Se faire courtiser, exister pour un (plusieurs ?) autre(s) est une étape sacrément réjouissante !

Premier Noël

Noël fait partie des joyeusetés au travers desquelles vous allez devoir passer.

Je sais, c'est moche d'envisager cette fête on ne peut plus familiale alors que vous êtes toute bancale... C'est moche, mais quand faut y aller, faut y aller. Pour peu que vous ayez des enfants, impossible de faire l'impasse.

Alors, posez-vous les bonnes questions pour que ce moment soit le moins pénible pour vous.

- Dès fin novembre, commencez à réfléchir à l'organisation.
- Si vous n'avez pas d'enfants, abordez le dîner comme n'importe quel autre, avec des petits cadeaux à la clef pour tous. Entourez-vous d'amis ou de membres de votre famille cool et sympas.
- Si vous avez des enfants et qu'ils sont grands, ils seront en mesure d'exprimer ce dont ils ont vraiment envie.
- N'oubliez pas que fêter Noël avec le père de vos enfants peut redonner vie au fantasme de réconciliation qui les habite tous, et ce n'est pas forcément souhaitable.
- Dites bien aux enfants qu'il y aura deux Noëls et qu'ils sont autorisés à être heureux durant chacun.
- Si les enfants ne sont pas avec vous, rassurez-les sur le fait que vous serez avec des amis ou des parents et que vous n'êtes pas triste.
- Même si les enfants ne sont pas avec vous le soir de Noël, attelez-vous aux préparatifs ensemble, c'est l'occasion de créer un lien affectif et des souvenirs.
- N'entamez pas une compétition de cadeaux avec votre ex.

> “ *J'étais déjà sur le lieu de vacances pour passer Noël en famille quand il m'a annoncé par téléphone (la grande classe) qu'il me quittait. Je les ai donc passées seule. J'étais obsédée par le fait de ne pas savoir ouvrir les voitures télécommandées pour mettre les piles, monter les camions en kit, installer les Playmobil. J'étais noyée par ces p*** de cadeaux de Noël pour garçons que je n'arrivais pas à installer.*
>
> **Bénédicte, 45 ans, 3 enfants**

- Pourquoi ne pas inviter un couple d'amis avec leurs enfants, cela vous permettra de ne pas être la seule adulte au milieu des enfants et d'être épaulée par de bons copains.
- Si les enfants ne sont pas avec vous, écrivez-leur une lettre de Noël à lire lors de cette journée. La lettre pourrait être une liste de toutes les choses dont vous êtes reconnaissante, surtout envers eux.

Comme pour le reste, vous devez apprendre à construire de nouveaux repères. N'essayez surtout pas de reproduire le schéma des Noëls habituels. Soyez imaginative, bousculez les lignes, laissez libre cours à votre fantaisie, faites de ce moment que vous redoutez un moment original et chaleureux.

Premières vacances

« Et autrement, tu as prévu quoi, toi, cet été ? »

Nous sommes dans un resto indien, *il* sait que mes papilles en raffolent. Sympa. C'est notre premier dîner depuis son départ. J'ai les genoux qui cognent et, le moins que l'on puisse dire, c'est que je ne fais pas honneur à ce qu'il y a dans mon assiette. Je suis totalement dans le déni de la situation et cette simple toute petite phrase me fait l'effet d'une bombe. Pourquoi cette question ? Ça doit vouloir dire qu'il ne prévoit pas de passer l'été suivant avec moi... Oui, ça doit être ça.

Ça fait plus de vingt étés passés ensemble. Je ne sais pas, moi, ce que je *peux* faire l'été prochain. Je n'en ai vraiment aucune idée. Et si c'était *rien* ? Non, pas trop possible avec les enfants, donc il va falloir une fois de plus faire preuve d'imagination et mettre en place une nouvelle organisation.

> *« Dans la fusion du couple, j'avais fini par m'oublier. J'ai eu besoin de partir pour me retrouver. Le voyage m'a renforcée dans mon autonomie. Ça m'a permis de me soustraire aux contraintes du quotidien et au regard des autres. Ça m'a aidée à retrouver le sentiment de liberté.*
>
> Florence, 42 ans, 2 enfants

Mode d'emploi

- Procédez par élimination selon vos envies et vos nouveaux moyens.
- Faites un tableau avec ce vous voulez et ne voulez pas.
- Listez les amis avec lesquels vous pourriez partager vos premières vacances en solo.
- Si vous avez des enfants, prévoyez un moment avec eux et profitez de la période où ils seront avec leur papa pour organiser de vraies vacances de célibataire (vous vous rappelez, quand vous étiez libre comme l'air) : un club avec une copine, un trek sur le GR20, une capitale européenne...
- N'essayez pas de reproduire ce que vous faisiez avec votre ex-moitié, changez vos habitudes !

SAUTE !
SAUTE !
SAUTE !!
Mes nouveaux amis me veulent-ils vraiment du bien ?

RENCONTRES

« Quelquefois, il y a des sympathies
si réelles que, se rencontrant pour la première fois,
on semble se retrouver. »

Alfred de Musset

Bonne nouvelle !

S'il y en a bien une, c'est celle-ci : *vous allez faire des rencontres* enrichissantes, qu'elles soient amicales, amoureuses ou professionnelles. Oui, des rencontres, vous en avez déjà fait plein lorsque vous étiez en couple… La différence aujourd'hui, c'est que c'est vous, et vous seule, qui allez créer de nouveaux liens en fonction des hasards de la vie et de vos aspirations personnelles.

Rencontres amicales

Des amis, vous en avez. Certains vous connaissent même depuis très longtemps. Alors, pourquoi vous en faire de nouveaux ?

Parce que cela vous permet d'affirmer votre raison d'exister et que, par conséquent, c'est bon pour la santé.

Je ne vous parle pas des cinq cent trente amis que vous pouvez avoir sur les réseaux sociaux et dont vous ne reconnaîtriez pas la moitié dans la rue. Je vous parle de *vraies* rencontres, en chair et en os.

Les belles rencontres ne se trouvent pas sous le sabot d'un cheval

Ce n'est pas en restant chez vous que vous ferez des rencontres.

Sortez, acceptez les dîners que l'on vous propose. Les amis de vos amis ne seront pas forcément les vôtres, mais il y a de fortes chances que des connexions positives opèrent.

Servez-vous aussi de passions communes pour sceller de nouvelles amitiés. Inscrivez-vous à un cours de théâtre, de cuisine, dans un groupe de visites de musées, rejoignez la chorale locale. Cette passion commune simplifiera les échanges et sera une bonne base à vos premières conversations.

Vous verrez par ailleurs qu'il est très agréable d'entamer une nouvelle amitié avec une personne qui ne connaît pas votre vie « d'avant ». Et très gratifiant d'être appréciée en tant que personne à part entière.

Aime-toi et des hommes tu rencontreras !

Avant de vous lancer, soldez les comptes avec votre passé. Plus votre relation passée monopolisera votre corps et votre tête, plus votre confiance en vous sera vacillante et moins vous serez disponible et à même de rencontrer des hommes.

Prenez votre temps, il n'y a aucune urgence à accélérer les rencontres avec le sexe opposé. Néanmoins, la séduction est un remède efficace pour reprendre confiance en vous et booster votre ego.

Aussi, ne rechignez pas à aller à la rencontre de nouveaux hommes. Faites un effort pour vous faire belle, montrez-vous sous votre meilleur jour, affûtez vos histoires drôles, ce sera un premier pas sur le chemin de la reconquête de votre estime personnelle.

Ensuite, rien ne vous oblige à concrétiser, mais rien ne vous oblige non plus à ne pas le faire. Votre ex occupe encore vos pensées, certes, mais le fait est qu'il ne reviendra pas. Vous êtes donc libre de fréquenter et de flirter avec qui vous voulez. Succomber au charme d'un homme ne fera pas de vous une libertine trompeuse.

Et, soit dit en passant, n'oubliez pas que 30 % des couples se forment au travail !

Les sites de rencontres

Pas moins de deux mille sites de rencontres ont fleuri sur Internet, remplaçant les agences matrimoniales du XXe siècle. Un chiffre vertigineux ! Un tiers des dix-huit millions de célibataires en France seraient inscrits sur un ou plusieurs portails.

Chaque site a son positionnement, sa « niche », comme disent les pubards. Site pour célibataires privilégiés, pour célibataires exigeants (ah bon, il existe des célibataires qui n'en ont rien à battre de qui ils veulent rencontrer ?), pour célibataires en quête d'aventures sans lendemain (c'est sûr, ça fait envie ! autant aller en boîte et choper le premier venu…), pour cougars affirmées, pour Asiatiques, chrétiens, juifs, musulmans, gays, lesbiennes, surdiplômés, certains sont destinés à des rencontres coquines, d'autres se fondent sur les affinités et les goûts culturels. Les sites de rencontres 2.0 annoncent clairement la couleur.

À lire les promesses de certains sites, 80 % de leurs utilisateurs y font une belle rencontre avec, parfois, cerise sur le gâteau, un *happy end*. Il doit en effet être gratifiant pour les femmes ayant une peine de cœur de voir l'intérêt que suscite leur profil en quelques clics.

En revanche, la rencontre virtuelle peut exposer les femmes (et les hommes d'ailleurs) à se retrouver face à de gros menteurs s'étant construit une autre personnalité que la leur – la photo de profil qui date d'il y a quinze ans, c'est un peu limite !

Quoi qu'il en soit, après avoir discuté *online* avec l'élu, il faut passer à la vraie vie : échange de numéros de téléphone, décision de se rencontrer, vous voilà tout heureuse à cette idée, avec peut-être l'appréhension que le prince charmant ne soit en réalité un crapaud tout visqueux.

SE SOIGNER AUTREMENT

« Il y a des maladies qui ne se guérissent pas avec de l'argent, mais avec de l'amour. »

Mère Teresa

Les méthodes alternatives

Bien choisies et bien appliquées, ces méthodes peuvent participer à vous sentir mieux.

Quelle que soit celle que vous choisirez, il est important de vous adresser à un professionnel certifié. Le bouche-à-oreille peut être une source fiable.

Il est certes plus facile et moins onéreux de vous rendre chez votre médecin et de repartir avec une ordonnance que de vous impliquer de façon proactive à soigner en profondeur les raisons de votre mal-être. Les médecines complémentaires, en s'adressant pour la plupart à votre cerveau émotionnel, font un travail de fond dont l'efficacité remarquable a fait ses preuves depuis des millénaires – tout en étant démontrée depuis quelques années par de multiples études. Il est certainement temps d'ouvrir votre champ d'investigation dans un pays qui détient le record mondial de consommation d'antidépresseurs.

Acupuncture

L'acupuncture traite aussi bien le corps que l'esprit.

Cette technique thérapeutique chinoise considère que l'énergie qui circule dans votre corps peut se bloquer en ayant pour conséquence des répercussions négatives tant émotionnelles que physiques.

L'acupuncteur va traiter la cause des bouchons énergétiques à l'aide de minuscules aiguilles stérilisées qu'il va positionner pendant une vingtaine de minutes sur votre corps aux endroits stratégiques. Les bienfaits se font ressentir dès la première séance ; sommeil contrarié, peur, colère, chagrin, nervosité, appétit en vrac, stress…, les symptômes qui vous pourrissent la vie seront au fil des séances atténués.

Notez par ailleurs que certains acupuncteurs sont médecins et qu'il vous est donc possible d'avoir une feuille de maladie.

Cohérence cardiaque

Un cœur heureux et en bonne santé a une alternance régulière d'accélération et de décélération du rythme cardiaque. C'est ce que l'on appelle la « cohérence cardiaque ».

Les yogis le savent depuis toujours, les scientifiques le démontrent aujourd'hui : votre respiration est directement liée à vos émotions. Dès que celles-ci vous perturbent, elle se modifie : les émotions négatives, la colère, le stress, le chagrin, la peur, l'anxiété... font chuter votre cohérence cardiaque et amplifient votre mal-être. À l'inverse, vous replonger dans une émotion positive en travaillant votre respiration mettra votre cœur en cohérence cardiaque.

Vous pouvez faire des exercices simples régulièrement chez vous afin d'apprendre à votre corps à entrer dans un rythme calme et apaisant. Une bonne respiration mérite que vous lui consacriez quelques minutes par jour, une contrainte toute relative lorsque vous prendrez conscience des effets positifs sur votre bien-être émotionnel.

EMDR

L'EMDR (*Eye Movement Desensitization and Reprocessing*) est fondée sur des mouvements oculaires rapides comparables à ceux qui ont lieu spontanément pendant les rêves ; elle permet de digérer les traumatismes émotionnels. L'EMDR est pratiquée par un psychothérapeute ayant suivi une solide formation.

L'EMDR ne peut rien pour vous si vous vous sentez « juste » mal. En revanche, si une ou plusieurs scènes traumatisantes vous parasitent, cette méthode pourra vraiment vous aider. Par exemple, si vous n'arrivez pas à vous défaire du souvenir du moment où il a claqué définitivement la porte, les mouvements oculaires faciliteront un accès rapide à tous les canaux d'association connectés à ce souvenir traumatisant. Il existera toujours, mais vous aurez le recul nécessaire pour mieux le vivre.

Selon le très sérieux *Journal of Consulting and Clinical Psychology*, 80 % des « malades » ne montraient plus de symptômes de troubles post-traumatiques liés au stress après trois séances.

Énergie

La mission de l'énergéticien est de procurer des soins thérapeutiques à l'aide de transmissions d'énergie par le biais de son magnétisme. Les soins commencent par une discussion permettant de comprendre les blocages du patient. L'énergéticien appose ensuite ses mains sur ce dernier et effectue des gestes censés faire circuler les énergies dans l'organisme et ainsi lever les blocages. Après une séance, il est fréquent de se sentir fatigué et il est recommandé de se reposer. Prévoyez vos séances en fin de journée, cela optimisera le travail.

En France, cette profession n'est pas reconnue par l'Académie de médecine, contrairement aux autres pays en Europe et dans le monde.

Hypnose

L'hypnose est une méthode qui a été mise au point en psychiatrie. En court-circuitant les processus mentaux, elle permet, théoriquement, d'atteindre plus facilement l'inconscient.

Ce n'est pas un sommeil, la personne entend, peut répondre aux questions et reste totalement autonome de ses actes. Cet état modifié lui permet de trouver en elle-même les ressources personnelles qui lui permettront de résoudre son problème. La plupart des patients se souviennent de ce qui a été dit et suggéré. À l'aide d'associations d'idées et de métaphores, le médecin aide le patient à comprendre, accepter, gérer certaines situations qui le font souffrir.

Le mental joue un rôle important dans le succès des séances. Vous devez vraiment avoir envie de participer activement.

L'hypnothérapie fait partie des thérapies brèves, nécessitant entre trois et dix séances, durant entre trente et soixante minutes.

Méditation

Difficile d'y échapper : méditer est devenu une pratique incontournable pour faire face au stress quotidien. Les scientifiques ont par ailleurs démontré les bienfaits de la pleine conscience sur le cerveau et sur la santé.

Cette pratique est gratuite, ne nécessite pas de matériel et peut se pratiquer à tout moment. Les méditants sont de plus en plus nombreux et les témoignages des méditants « transformés » se multiplient.

Réflexologie

La réflexologie est une stimulation des points réflexes d'une partie du corps permettant de rétablir l'énergie globale. Comme l'acupuncture, cette technique ancestrale utilise la circulation énergétique.

Le réflexologue que vous consulterez pour la première fois commencera par un entretien préalable qui servira à déterminer quels sont vos attentes et vos symptômes.

Les bienfaits sont semblables à ceux procurés par l'acupuncture… les aiguilles en moins.

Sport

Les effets bénéfiques de l'activité physique et sportive sur la santé ne sont plus à démontrer.

La pratique d'une activité intense (c'est-à-dire au moins trois heures par semaine) ou modérée (au moins vingt minutes trois fois par semaine) améliore le bien-être émotionnel, le bien-être physique, la qualité de vie et la perception de soi. Elle améliore le sommeil, lutte efficacement contre le stress, la dépression, l'anxiété. Cerise sur le gâteau, elle améliore le processus de vieillissement et protège contre la perte d'autonomie.

Ça coince !

Dessinez ici la silhouette de votre corps puis notez les endroits où vous avez l'impression que vos énergies sont bloquées. Puis réfléchissez aux activités qui fluidifiraient tout ça !

Quels que soient votre âge et vos moyens, vous trouverez ce qui vous convient. Faire de la marche rapide pendant le week-end ne vous coûtera qu'une bonne paire de baskets, et des longueurs à la piscine municipale, que le ticket d'entrée. C'est l'occasion de retrouver une ou deux copines, qui ne manqueront pas de vous botter les fesses les jours de grosse flemme.

Sympathico thérapie ou Stimulation endo-nasale

Cette technique de soin permet de lutter efficacement, rapidement, sans douleur et sans médicament contre les effets négatifs du stress. Il s'agit d'aller stimuler une zone réflexe située dans les fosses nasales

Comme toute réflexothérapie, elle est indépendante de notre volonté. Nous sommes régis par plusieurs systèmes nerveux. Il existe le système nerveux volontaire : je décide de lever la main ; et le système nerveux involontaire, qui gère les fonctions automatiques : notre sang circule sans que nous le décidions. C'est ce système, appelé aussi sympathique, qui permet l'adaptation de notre organisme au stress. Lorsque les agents stressants sont trop violents ou trop chroniques notre système régulateur est dépassé et notre corps réagit par différents moyens comme la fatigue, les troubles du sommeil, l'anxiété, les migraines, les troubles digestifs, les maladies de peau... La sympathico-thérapie (rien que le nom est chouette !) consiste à stimuler les fibres du système sympathique situées au fond des fosses nasales à l'aide de stylets qui ressemblent à de longs coton tiges.

Avant d'entamer un traitement, un entretien entre le médecin et le patient est nécessaire pour comprendre si les troubles relèvent de cette thérapie. Le traitement est totalement indolore, et la séance dure environ une quinzaine de minutes. Les effets sont immédiats. Il faut prévoir trois ou quatre séances.

Merci mec, c'est exactement ce dont j'avais besoin pour me remettre en selle !

SEXE

« Faire l'amour est un plaisir, un appétit, un besoin, un amusement, et non pas un devoir. »

Ninon de Lenclos, *Lettre au marquis de Sévigné*.

On ne pense qu'à ça !

Je vous l'accorde, nous tenons là un vrai sujet brûlant qui occupe 67,54 % de nos discussions entre filles (un *vrai* sondage auprès de mes *vraies* copines aurait donné 99,99 % de résultat).

La situation est grave, mais pas désespérée. OK, cela fait plusieurs mois que votre libido est proche de zéro. Vous n'avez pas eu la tête à ça depuis qu'*il* est parti, mais, maintenant que l'eau a coulé sous les ponts, vous vous inquiétez, vous avez peur de l'inconnu avant un possible *revival* !

Pas question de vous laisser polluer par votre entourage !

Vous avez remarqué la grosse pression qui pèse sur vos épaules ? La lourdeur dont font preuve certains de vos proches ?

« Nooon, c'est pas vrai ?! Ça fait six mois que tu es sur la touche ? Ben dis donc, je sais pas comment tu fais, parce que moi, si tu savais... » Ben justement, vous ne voulez pas savoir, aucun intérêt !

L'abstinence est un sujet central de notre époque, où la sexualité est prédominante pour s'épanouir. Le « *no sex* » est considéré comme une tare intersidérale qui fait de vous une pauvre fille en situation d'échec. N'importe quoi ! Là encore, le temps vous appartient.

> *« Des mecs, j'en ai eu. Mais des comme lui, jamais. Quand il est parti, je me suis sentie tellement nulle. Et tellement moche. Un soir, sans bien comprendre comment, je me suis retrouvée dans les bras d'un type et là, l'horreur. Je ne savais plus comment faire. Ça a été très compliqué pour moi. Mais j'ai eu de la chance de tomber sur lui. Il a été très patient, il a bien compris que le problème n'était pas lui mais moi. Il m'a redonné confiance en moi en me faisant rire de la situation. Je n'ai jamais vraiment été amoureuse de lui, mais nous sommes devenus de vrais* « sex friends ». *Je n'oublierai jamais qu'il m'a aidée à reprendre ma place de femme.*
>
> Marie, 32 ans

Le sexe, c'est comme le vélo, ça ne s'oublie pas

Que vous le vouliez ou non, une certaine appréhension sera probablement au rendez-vous. C'est tout à fait normal, il faut que vous acceptiez vos craintes et que vous désamorciez les pensées négatives polluantes. Le jour où vous sentirez que c'est le bon moment, ou la bonne personne, tout vous reviendra très naturellement. Quoi qu'il en soit, faites confiance à l'intelligence de votre corps, à sa capacité de se reprogrammer après une traversée du désert.

> *« Deux ans sans aucune libido. Rien de chez rien, nib, zéro pointé. Et puis une amie m'invite à l'île de Ré. Première soirée, c'est la fête du village. Tout le monde danse et je me retrouve yeux dans les yeux avec un de ses amis. Émotion. Le lendemain, rebelote. Au détail près que je me suis retrouvée seule avec le copain en question, et là, un truc totalement dingue s'est passé. Ce type, la mer, la musique (les mojitos aussi)... Nous avons démarré une relation totalement fondée sur le sexe en sachant très bien qu'il n'y aurait pas d'autre issue. Ça a duré deux ans quand même cette histoire ! Je me suis posé la question de ce qu'englobait la notion d'amour. Je l'ai aimé, tout en étant consciente que notre relation n'avait aucun avenir. Mais il m'a redonné le goût et confiance en moi. Pour ça, je le remercie.*
>
> Brigitte, 49 ans, 2 enfants

« 85-60-85 » ne vous dit rien ?

Ce n'est pas grave ! Ras-le-bol de la tyrannie de l'apparence ! Vos formes ne correspondent pas à celles que vous renvoient les magazines pour nanas ? Vos seins ne sont plus aussi rebondis que lorsque vous aviez 18 ans ? Votre ventre garde la trace de votre dernière grossesse ? Quand on vous dit « peau d'orange », vous ne pensez pas naturellement à un agrume ? Bienvenue dans le monde réel ! Pensez à vos yeux qui pétillent, à vos cheveux brillants et à votre sourire charmeur. Vous avez toutes des atouts à mettre en avant. Alors, on ne stresse pas, on se bichonne, on se crème et on s'accepte pour s'aimer au mieux.

Allez, zou !

Si vous avez été la femme de peu d'hommes, vous allez peut-être craindre de décevoir votre futur partenaire en raison de votre manque d'expérience sexuelle.

Si vous êtes restée un bail avec votre ex, vous ressentirez peut-être un sentiment de culpabilité à l'idée de le tromper (hahaha !).

Si vous avez été déçue par la succession d'hommes dans votre lit avec lesquels la relation amoureuse n'a pas été satisfaisante, vous allez probablement avoir besoin de développer un climat de confiance et d'échanges avant de vous lancer.

Quel que soit votre état d'esprit, ne le niez pas et n'en faites pas un sujet dramatique. Inutile d'apprendre le Kamasutra par cœur ! En revanche, réconciliez-vous avec votre image et acceptez-vous telle que vous êtes. Gardez en tête que votre prochain partenaire de jeu est peut-être lui aussi plein de doutes et d'appréhension. Il ne s'agit pas d'une compèt' sur tatami mais bien d'un doux moment de partage.

Et n'oubliez pas que l'on peut faire des miracles avec une peau douce, des lumières tamisées et des dessous appropriés.

TEMPS

« Le temps vient à bout de tout,
il est la patience en action. »
Reine Malouin

Le temps est un médicament

La tentation est grande de vouloir brûler les étapes du deuil et de nier qu'il faut laisser du temps au temps. C'est une erreur. Le temps est votre allié, il va vous permettre d'apaiser vos souffrances.

Pascal (le philosophe, pas Obispo) disait que le malheur de l'homme vient de la distraction et de son incapacité à rester seul chez lui face à lui-même. Sans rester enfermée chez vous, prenez un peu de temps chaque jour, seule, à réfléchir, écrire, accepter les lignes qui bougent, faire avancer les projets qui vous tiennent à cœur. Maîtriser votre temps vous donnera la liberté de décider de votre vie. Le passage du temps permet la maturation, la création ; le temps qui passe est source de progrès : vous accumulez des connaissances et intégrez des expériences.

Et il sera toujours temps de vous rappeler les bons souvenirs quand le chagrin d'amour sera passé.

Le temps de la guérison

Une étude menée par des scientifiques du New Jersey et publiée dans le *Journal of Positive Psychology* confirme que le temps de guérison est proportionnel à la durée et à l'intensité de la relation terminée.

Par ailleurs, tout le monde n'a pas le même rapport au temps face à une rupture. Cela dépend aussi du tempérament de chacun, de l'âge, de la manière dont la rupture s'est faite.

Et puis il y a une vraie différence entre les hommes et les femmes. En moyenne, les femmes se remettent en couple trois ans après leur séparation, les hommes... dix-huit mois. Le syndrome du frigo vide ?

Le temps de réapprendre à vous aimer

Votre estime de vous-même est au plus bas, mais elle existe, quelque part au fond de vous. Pour la retrouver, prenez le temps de répondre aux questions que vous ne vous posez pas naturellement : qui êtes-vous ? Vers quoi ne voulez-vous plus aller et, au contraire, quel chemin voulez-vous prendre pour entamer votre nouvelle vie ? Plus vous vous aimerez, moins vous aurez besoin de chercher à tout prix l'amour dans les yeux d'un autre. Encore une fois, la seule personne qu'il faut apprendre à aimer est *vous* ! Le reste viendra naturellement… avec le temps.

Comment devenir la déesse de la gestion de votre temps

- Faites votre liste de tâches à accomplir pour la journée/la semaine. Écrire vous aidera à clarifier votre esprit et à préciser votre feuille de route.
- Gérer votre temps, c'est faire des choix sur ce qui compte *vraiment* dans votre organisation. Plaisirs compris.
- Éliminez le superflu, tout ce qui gloutonne inutilement votre temps.
- Concentrez les tâches les plus difficiles à accomplir aux moments de la journée où vous êtes la plus efficace.
- N'hésitez pas à éteindre votre portable quand vous avez envie d'être au calme. Ce formidable lien vers les autres peut se révéler extrêmement chronophage.
- Acceptez de ne pas être parfaite quand vous vous apprêtez à accomplir une tâche. Vous faites de votre mieux.
- Accordez-vous des pauses agréables et des récompenses à la fin de chaque mission accomplie. Avoir du temps pour soi rend heureux.
- Faites la liste des tâches pour lesquelles vous pouvez vous faire aider. Et n'hésitez pas à demander cette aide à vos parents, beaux-parents, amis, collègues.
- Vivez le moment présent. Ni le passé, ni l'avenir. Le PRÉSENT.

L'optimisation de votre temps

Voilà, vous l'avez bien constaté, le lave-vaisselle ne se vide pas si vous ne vous y collez pas, le frigo ne se remplit pas tout seul, la révision de la voiture ne se fait pas par magie et votre petit de 18 mois ne peut pas aller tout seul en rampant chez le pédiatre. Super !

La gestion de votre temps va vous demander une adaptation et une organisation nouvelles, optimisées. Mais pas de panique, un papier, un crayon et hop, faites des listes !

Établir la liste des tâches à accomplir et les classer par priorités est une pratique efficace. Ce qui est urgent et nécessaire ; ce qui est urgent mais non nécessaire ; ce qui est nécessaire mais non urgent ; ce qui n'est ni urgent ni nécessaire.

Et n'oubliez pas d'y insérer ce qui vous fait plaisir, vraiment : vous reposer, aller au ciné, faire du sport, apprendre l'italien (au cas où un Italien vous ferait la cour). Votre rapport au temps révèle votre disposition profonde à vivre heureuse.

Petits plaisirs express

Trouver le temps de se faire du bien : ça semble parfois compliqué, mais en fait ce n'est pas si difficile.

Faites la liste des petits plaisirs que vous pouvez vous offrir et qui ne prendront pas plus de dix minutes.

TRAVAIL

« Choisissez un travail qui vous plaît et vous n'aurez pas à travailler un seul jour de votre vie. »

Confucius

Vingt-huit ans de bons et loyaux services

« Je n'ai jamais considéré que ma femme puisse être une femme au foyer. »

Cette petite phrase, jamais je n'aurais pu imaginer l'entendre. Et pourtant, j'y ai eu droit après vingt-huit ans de bons et loyaux services professionnels, sans démériter en tant que salariée, puis en tant que créatrice de sociétés bénéficiaires... En effet, j'admets avoir un peu levé le pied à l'entrée à l'école de mon cinquième enfant, travaillant dans la journée jusqu'à 16 h 30. Aller le chercher à l'école représentant pour moi un fantasme de toute une vie de maman que notre situation me permettait. Toutes ces années à jongler entre varicelles, nounous absentes, rendez-vous clients une semaine après un accouchement, dossiers à travailler une fois le dernier enfant endormi... pour m'entendre dire que je suis « réduite » à être une femme au foyer ! Et quand bien même l'aurais-je été, si cela avait été notre choix...

Conseil pour nos filles : faites des études pour avoir un métier !

Mesdemoiselles, vous étiez pratiquement 50 % en 2008 à avoir votre bac en poche et à avoir entrepris des études. C'est mieux que dans les années 1980 où nous n'étions que 22 % à obtenir le saint Graal. Fraîches et pleines d'espoir en la vie (et vous avez bien raison !), vous ne voyez pas toujours bien pourquoi vous usez vos jeans sur les bancs de la fac. Vous rêvez de fonder votre famille, vous êtes amoureuses ou vous allez l'être, vous avez la vie devant vous et c'est tant mieux. Mais la vie est longue, les couples sont amenés à vivre longtemps ensemble et donc risquent de rencontrer des problèmes en cours de route. Il est important que vous ayez un métier vous permettant, le cas échéant, d'avoir votre indépendance financière pour continuer votre vie dignement, pour vous et pour vos enfants.

Le travail est au centre de nos vies

Le travail peut devenir sujet de reproches lors d'une séparation, l'un ou l'autre travaillant trop ou pas assez aux yeux du conjoint mécontent. Les Français ont deux valeurs fondamentales qui cohabitent dans leur vie et parfois se retrouvent en conflit : le travail et la famille. Certains voient leur couple mourir à cause du travail.

Un divorce influence les performances au travail

Bien qu'étant banalisé, le divorce représente l'une des épreuves les plus difficiles de la vie. Rien d'étonnant donc qu'il impacte de plein fouet les performances et le comportement sur le lieu du travail. 60 % des travailleurs qui divorcent restent au moins deux mois en arrêt de travail. Pourtant, rester chez soi n'est pas une bonne solution ; ressasser ses problèmes et se lamenter sur son sort n'avance à rien. Le travail permet de se concentrer sur autre chose, d'avoir le soutien de ses collègues et… de gagner *sa* vie !

Paradoxalement, trois chercheurs américains* ont mis au jour une corrélation entre le nombre d'heures que les femmes passent au travail et le taux de divorces ! Plus celui-ci est important, plus il s'avère que les femmes du pays concerné travaillent longtemps. Les foyers monoparentaux cumulent les vulnérabilités qui influent directement sur leur niveau de vie : elles n'ont pas le choix !

** Thèse résumée sur VOX Europ, « Marriage Stability, Taxation & Aggregate Labor in the US vs Europe ».*

Le travail comme levier de réintégration

« Un travail, ça soigne souvent d'un très gros chagrin », me disait la maman d'une amie.

Le divorce est aujourd'hui plus fréquent et plus banal. Mais il reste une rupture réelle et nécessite toutes sortes de réorganisations. Il s'accompagne en particulier, pour les femmes et les enfants dont elles ont la charge, d'une diminution importante des ressources disponibles et, parfois, d'un appauvrissement durable.
Il est donc fondamental de continuer, voire de (re)commencer à travailler. Pour son équilibre personnel, pour la qualité de vie de sa famille et pour l'importance de renouer avec sa capacité à exister à travers un projet autre que le projet de couple.

Pour les femmes divorcées, insiste Claude Martin (professeur à l'École nationale de la santé publique et chercheur à l'université Paris V) dans le magazine *L'Express*, le travail est le premier levier de la réintégration.

(Re)trouver l'amour au travail

Bonne nouvelle pour les dix-huit millions de célibataires en France, le bureau est l'endroit où l'on peut retrouver l'âme sœur.

- 30 % des couples se sont rencontrés au travail.
- Une femme sur trois est persuadée que ça peut lui arriver.
- 50 % des salariés reconnaissent que le travail est un espace pouvant favoriser les rencontres amoureuses.
- 50 % des salariés fantasment régulièrement sur un(e) collègue.
- 65 % des hommes et 33 % des femmes ont envisagé un flirt lors d'un pot de Noël.
- 25 % des femmes trouvent leur patron séduisant.

Étude réalisée entre 2008 et 2012 par Monster.fr, l'agence Care, Femmesplus et les éditions Tissot.

Qu'elles soient plus ou moins jeunes, plus ou moins aisées, plus ou moins sociables, les divorcées ont (quasi) toutes un dénominateur commun : elles subissent une baisse de leur niveau de vie. Pour une femme, divorcer, c'est perdre en moyenne 30 % de ses revenus. Selon l'Institut national d'études démographiques (Ined), plus de 25 % des familles monoparentales vivent au-dessous du seuil de pauvreté. Les femmes sont à la tête de 80 % d'entre elles. La proportion de foyers monoparentaux en situation de pauvreté est plus de deux fois supérieure à celle des foyers biparentaux. Les femmes, après leur divorce, sont deux fois plus nombreuses que les hommes à subir une chute notable de leur niveau de vie. Injustice, certainement, mais réalité.

Plus un homme participe aux travaux de la maison, plus il risque le divorce !

Selon les résultats d'une vaste étude norvégienne intitulée « L'égalité à la maison », la proportion de divorces parmi les ménages qui partagent les tâches domestiques de manière équitable est environ 50 % plus élevée que chez ceux où l'essentiel du travail est accompli par la femme !

Cette étude ne risque pas d'inciter les hommes à changer bébé ou à passer l'aspirateur. Mais rassurez-vous, mesdames, inutile de vous jeter sur la planche à repasser pour sauver votre couple, cette corrélation est signe de la « modernité » des couples. En effet, « les couples modernes le sont à la fois pour ce qui est de la répartition des tâches ménagères et pour la perception des valeurs liées à leur mariage », explique Thomas Hensen, coauteur de cette étude.

Il est fréquent que les femmes appartenant à ces couples « modernes » aient un niveau d'éducation élevé et un emploi bien rémunéré. De ce fait, elles sont moins vulnérables économiquement et voient dans le divorce une fracture sentimentale sans engendrer de catastrophe financière. Leur indépendance économique vis-à-vis de leur mari les rend plus libres.

ZE END

Voilà, les filles, on arrive au bout de notre partage. *It is the end*, mais pas que, notre histoire continue !

Si vous saviez à quel point cela m'a fait du bien de vous écrire ce manuel de survie positive ! Je vous encourage à écrire aussi souvent que vous en aurez le temps, pour vous ou pour les autres. Poser sur le papier ce que vous avez dans la tête précise les choses tout en les libérant.

J'espère du fond du cœur avoir pu contribuer à éclaircir et alléger la situation dans laquelle vous êtes et vous rassurer sur le fait que, un jour prochain, vous aurez de nouveau envie de mordre la vie à pleines dents.

Envoyez-moi de vos nouvelles sur Facebook : *Comment j'ai décroché de mon ex*.

Je vous donnerai des miennes, promis, juré, craché.

À la veille d'imprimer ce livre, ma Fiat 500 est toujours vaillante, plus vrombissante que jamais, prête à suivre mes nouvelles aventures. La musique que j'y écoute est parfois mélancolique et parfois digne des meilleurs *dancefloors*. Mais, à la différence d'avant, c'est moi et moi seule qui choisis le tempo. Quel pied !

Remerciements

Merci d'avoir pris le temps de me lire. Sachez que votre existence m'a portée le temps de l'écriture et que vous avez été, sans le savoir, d'un soutien sacrément positif.

Je remercie mes copines, mes amis, ma famille, mes rencontres. Dans le désordre, un merci maousse costaud à Brigitte, Fred, Marie, Dominique, Floss, FloFlo, Marianne, Anne-Sophie, Christelle, Antoine, Marthe-Hélène, Fréderic, Catherine, Jean-Marc, Pascale, Danielle, maman et papa, Charlotte, Juliette, Martin, Paul, Vico-le-roi-des-pommes-de-terre, mes deux Stéphanie, Sandra, Nicolas, Nathalie, Pascal, Patricia, Ariane, François, Cécile, Billy, Brune, Zoé, Susanna, Christophe, Nathalie, Vincent, Laura, sans oublier l'équipe de Marabout, dont la bienveillance a contribué à ce que le chemin soit plus léger.

LE TOP TEN DES MAUVAISES IDÉES À NE SURTOUT PAS RESSASSER

- Il y a une seule façon de se remettre !
- Il faut tout de suite séduire à nouveau !
- Il faut se venger : sur lui, et sur tous les autres hommes !
- Il va revenir, changer, comprendre...
- Je vais le plumer.
- Je l'aimerai toujours.
- Je n'irai pas voir un psy.
- Il faut à tout prix devenir amis.
- Il faut s'interdire de voir ses amis.
- Il n'y a qu'un seul mode de partage de la garde des enfants valable.

Votre top ten des bonnes idées à garder à l'esprit

1.

2.

3.

4.

5.

6.

7.

8.

9.

10.

Dans la même collection

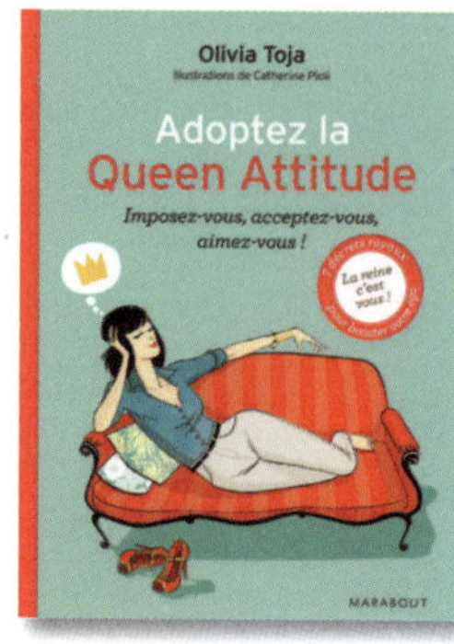

Imprimé en Espagne par Gráficas Estella
pour le compte des éditions Marabout (Hachette Livre)
58 rue Jean-Bleuzen - 92170 Vanves - Cedex
Achevé d'imprimer en décembre 2015 – Dépôt légal : janvier 2016
Codification : 2262829 – ISBN : 978-2-501-11150-8

Mise en page par Maogani